Suppen &
Eintöpfe

ZABERT
SANDMANN

Inhalt

Ein Kessel Buntes
Da ist für Geschmack gesorgt

Kaum ein anderes Gericht kann auf eine so lange Erfolgsgeschichte zurückblicken wie die Suppe. Schon vor Jahrtausenden schätzten unsere Vorfahren die stärkende Wirkung von Suppen und ihren etwas reichhaltigeren Verwandten, den Eintöpfen. Und auch heute noch sind sie weitaus mehr als die bloße Kombination aus Brühe und Einlagen wie Gemüse, Nudeln, Fisch oder Fleisch. Suppen und Eintöpfe dienen als Seelentröster und Magenwärmer, sie wecken Erinnerungen an die Kindheit, sind heiß geliebte Sattmacher, gesunder Snack oder feiner Auftakt eines festlichen Menüs oder romantischen Diner for two. Und auch auf den Speisekarten der gehobenen Restaurants haben Suppen längst einen Stammplatz erobert. Doch egal, zu welchem Anlass die dampfenden Verführer gekocht werden, eines steht fest: Es braucht nicht viel für eine gute Suppe – entscheidend ist jedoch die Qualität der Zutaten, denn die bestimmt Aroma und Geschmack des Endprodukts. Sparen Sie also nicht an den Lebensmitteln, und achten Sie auf saisonale und regionale Produkte. Oberstes Gebot ist dabei die Frische der Zutaten. Dann können Sie auch sicher sein, dass Ihre Kreationen selbst die größten Skeptiker unter Ihren Gästen glücklich machen. Und Sie werden nie mehr zu hören bekommen: »Nein, diese Suppe ess ich nicht!«

1

LAUCH (links) oder Porree kennt man als Bestandteil des klassischen Suppengemüses. Aber auch solo verwendet, macht er viel her und verleiht vor allem herzhaften Suppen und Eintöpfen dank seiner pikant-herben, zwiebelähnlichen Würze ein besonderes Aroma.

1 SUPPENFLEISCH kommt klassischerweise vom Rind. Damit die daraus gekochte Suppe einen feinen Geschmack erhält, sollte das Fleisch langfaserig sein und reichlich Bindegewebe, Fett und Sehnen haben.

2 TOMATEN sind eine unverzichtbare Zutat für zahlreiche Eintöpfe, wie z. B. Chili con Carne. In der gehobenen Küche schätzt man Tomaten eher in Form feiner Cremesuppen.

3 **FRÜHLINGSZWIEBELN** zählen zu den feineren Zwiebelsorten. Mit ihrer leicht scharfen Würze werden sie insbesondere gern für exotische Suppengerichte verwendet.

4 **KARTOFFELN** sind dank ihres Stärkegehalts gesunde Sattmacher und daher eine beliebte Basis für viele Suppen und Eintöpfe. Sollen die Kartoffeln in der Brühe stückig bleiben, verwendet man festkochende Sorten, werden sie in der Suppe püriert, mehlig kochende Knollen.

5 **MÖHREN** haben in der Suppenküche ihren festen Platz, denn aufgrund ihres milden, leicht süßlichen Geschmacks lassen sie sich wunderbar mit vielen anderen Lebensmitteln kombinieren.

6 **WÜRSTCHEN** sorgen in deftigen Eintöpfen für die charakteristische Würze. Gut als Einlage eignen sich Wiener Würstchen oder Debrecziner.

7 **ERBSEN, BOHNEN & CO.** spielen die Hauptrolle in den verschiedensten (vegetarischen) Suppen und Eintöpfen. Man verwendet die eiweißreichen Hülsenfrüchte frisch oder getrocknet.

FISCH & MEERESFRÜCHTE müssen schwimmen. Und wo tun sie das besser als in einer aromatischen Brühe? Das Seafood eignet sich daher ideal als Einlage für feinere Suppen wie Bouillabaisse.

GEWÜRZE sind im wörtlichen Sinne das »Salz in der Suppe«. Neben den Klassikern Salz, Pfeffer und Muskatnuss spielen in der Aromaküche exotische Gewürze wie Currypulver oder Kreuzkümmel eine immer größere Rolle.

KNOLLENSELLERIE gehört wie Lauch und Möhre zu den traditionellen Suppengemüsen. Allein serviert, ist er nicht jedermanns Geschmack, doch in Kombination mit Kartoffeln, Möhren usw. überzeugt er selbst die größten Zweifler.

KRÄUTER sind das i-Tüpfelchen in der Suppenküche. Mit ihrem frischen Aroma und der intensiv grünen Farbe runden sie fertig gegarte Suppen geschmacklich ab und sind als Deko echte »Eyecatcher«.

SUPPENNUDELN gehören nicht nur hierzulande zu den beliebtesten Suppeneinlagen. Und für all jene, die sich scheuen, Grießnockerln, Flädle oder Leberknödel selbst zu machen, sind sie ein schnell gekochter Ersatz.

SAHNE & CO. verleihen Cremesuppen neben dem feinen Geschmack auch die gewünschte Sämigkeit. Für Asia-Suppen wird statt Sahne Kokosmilch verwendet.

Step by Step
zu höchstem (Suppen-)Genuss

Die Basis einer jeden guten Suppe ist die Brühe, aus der sie zubereitet wird. Wenn es schnell gehen soll, greift man heutzutage meist zu gekörntem Brühpulver, Brühwürfel oder zu Fond aus dem Glas. Doch es lohnt sich, Brühe selbst zu machen, denn man wird mit einem besonderen Aroma belohnt, das jede Suppe bzw. jeden Eintopf zu einem unvergleichlichen Geschmackserlebnis macht. Der Klassiker der selbst gekochten Brühen ist die Hühnerbrühe. Sie lässt sich wunderbar in großen Mengen zubereiten und dann entweder portionsweise in Einmachgläser füllen oder einfrieren – ist die Brühe also einmal gekocht, steht dem schnellen Suppenglück nichts mehr im Wege! Angereichert wird das Ganze dann je nach Anlass mit einer feinen oder deftigen Einlage, wie z. B. Butternockerln, Flädle, Gemüse-, Fleisch- oder Wurststückchen. Und für alle, die es gern etwas cremiger lieben: Auch eine sämige Gemüsesuppe ist keine Zauberei. Dafür wird das in der Brühe gegarte Gemüse nach Wahl einfach mit dem Stabmixer in Sekundenschnelle fein püriert.

Hühnerbrühe selbst machen

1 Suppenhuhn mit Suppengemüse, Kräutersträußchen und angerösteten Zwiebelhälften in einen großen Topf geben. Mit reichlich kaltem Wasser bedecken.

2 Ganze Gewürze (wie Pfefferkörner, Pimentkörner, Gewürznelke und Lorbeerblatt) und Salz in den Topf geben.

3 Alles langsam aufkochen lassen und den aufsteigenden Schaum mit dem Schaumlöffel abnehmen.

4 Die Brühe bei schwacher Hitze 2 bis 3 Stunden köcheln lassen. Dann das Huhn herausnehmen und beiseitelegen.

5 Die Hühnerbrühe schöpflöffelweise durch ein Spitzsieb in einen Topf gießen.

6 Die Hühnerbrühe mit dem Schöpflöffel entfetten. Sofort verwenden, noch heiß in Einmachgläser füllen oder portionsweise einfrieren.

Pürierte Gemüsesuppe zubereiten

1 Butter in einem Topf erhitzen. Zwiebel- und nach Belieben Knoblauchwürfel darin unter Rühren andünsten.

2 Gemüse nach Wahl (z. B. aufgetaute Erbsen) dazugeben und unter Rühren andünsten.

3 Gemüse- oder Hühnerbrühe dazugießen und das Gemüse darin weich garen.

4 Nach Belieben Sahne zur Suppe gießen. Die Suppe mit dem Stabmixer pürieren, mit Salz und Pfeffer würzen.

Flädle zubereiten

1 Eier, Milch und Mehl verquirlen. Petersilie, Salz und Cayennepfeffer hinzufügen. Aus dem Teig in einer Pfanne in wenig Öl dünne Pfannkuchen backen.

2 Die Pfannkuchen aus der Pfanne nehmen und sofort aufrollen. Abkühlen lassen und in feine Streifen schneiden.

Butternockerln zubereiten

1 Am Vortag das Toastbrot im Küchenmixer zu Bröseln zerkleinern. Auf einem Teller offen über Nacht trocknen lassen.

2 Am nächsten Tag die Butter schaumig rühren. Nacheinander Eigelb und Ei unterrühren. Toastbrotbrösel, Mehl und Grieß mischen.

3 Bröselmischung unter die Eiermasse rühren, mit Salz, Muskatnuss und Cayennepfeffer würzen. Die Masse 10 Minuten quellen lassen.

4 Aus der Masse mit zwei angefeuchteten Teelöffeln Nockerln abstechen und in das heiße Wasser legen. Kochwasser nach Belieben mit Kräutern aromatisieren.

Herzhafte und deftige Suppen

Zwiebelsuppe
mit Brezenscheiben

Französisch-bayerisches Stelldichein: Der Pariser Bistroklassiker
geht hier mit heimischem Gebäck eine genussvolle Liaison ein

Zutaten

600 g Zwiebeln

1 EL Öl · 60 g Butter

150 ml trockener Weißwein

1 l Rinderbrühe

2 Lorbeerblätter

1 Streifen unbehandelte
Zitronenschale

1 Scheibe Knoblauch

getrockneter Majoran

Salz · Cayennepfeffer

150 g Laugenstangen
(oder Laugenbrezen;
vom Vortag)

2 EL gehackte Petersilie

Zubereitung
FÜR 4 PERSONEN

1   Die Zwiebeln schälen, halbieren und in möglichst dünne Scheiben schneiden. Das Öl und 2 EL Butter in einem Topf erhitzen und die Zwiebelscheiben darin bei mittlerer Hitze langsam bräunen.

2   Mit dem Wein ablöschen, einkochen lassen und die Brühe dazugießen. Die Lorbeerblätter, die Zitronenschale und den Knoblauch dazugeben und die Zwiebelsuppe bei schwacher Hitze 6 bis 8 Minuten köcheln lassen.

3   Die Zwiebelsuppe mit Majoran, Salz und Cayennepfeffer abschmecken. Lorbeerblätter, Zitronenschale und Knoblauch wieder entfernen.

4   Die Laugenstangen in dünne Scheiben schneiden. Die restliche Butter in einer Pfanne erhitzen und die Brezenscheiben darin auf beiden Seiten kross braten. Die Zwiebelsuppe in tiefen Tellern oder Schälchen anrichten, mit der Petersilie bestreuen und mit den Brezenscheiben servieren.

Tipp

Die klassische französische Zwiebelsuppe wird mit 1 Scheibe geröstetem Weißbrot belegt, auf das man geriebenen Käse streut. Dann kommt die Suppe 3 bis 4 Minuten unter den Backofengrill.

Gemüsesuppe
mit Reis und Schinken

Von allem etwas: Diese Suppe besticht durch ihre Kombination
aus frischem Gemüse, knackigem Reis und deftigem Schinken

Zutaten

1 Zucchino

1 Möhre

160 g Brokkoli

70 g roher Schinken
(am Stück)

1 TL Olivenöl

1 TL Tomatenmark

1 l Gemüsebrühe

140 g Reis

150 g weiße Bohnen (aus der
Dose; z.B. Cannellini-Bohnen)

Salz · Pfeffer aus der Mühle

Zubereitung
FÜR 4 PERSONEN

1 Den Zucchino putzen, waschen und in kleine Würfel schneiden. Die Möhre putzen, schälen und ebenfalls in kleine Würfel schneiden. Den Brokkoli putzen, waschen und in kleine Röschen teilen. Den Schinken in kleine Würfel schneiden.

2 Das Olivenöl in einem Topf erhitzen, Zucchini- und Möhrenwürfel sowie Brokkoliröschen darin andünsten.

3 Das Tomatenmark unterrühren und die Brühe dazugießen. Den Schinken dazugeben und die Suppe bei schwacher Hitze etwa 20 Minuten köcheln lassen, bis das Gemüse bissfest ist.

4 Inzwischen den Reis nach Packungsanweisung bissfest garen. Die Bohnen in ein Sieb abgießen und abtropfen lassen. Am Ende der Garzeit mit dem Reis zur Suppe geben und die Suppe kurz aufkochen lassen. Mit Salz und Pfeffer abschmecken und in tiefen Tellern oder Schälchen anrichten.

Tipp

Je nach Saison und Geschmack können Sie die Suppe mit anderen Gemüsesorten variieren. Gut als Einlage eignen sich auch Zuckerschoten, Erbsen, Bohnen oder Blumenkohl.

Gemüsesuppe
auf klassische Art

Zutaten

4 Möhren

200 g Knollensellerie

200 g Petersilienwurzeln

4 festkochende Kartoffeln
(ca. 400 g)

je 1 Zwiebel und Knoblauchzehe

1 EL Öl

1 l Gemüsebrühe

1 Lorbeerblatt

gemahlener Piment

Salz · Pfeffer aus der Mühle

2 EL gehackte Petersilie

Zubereitung
FÜR 4 PERSONEN

1 Die Möhren, den Sellerie und die Petersilienwurzeln putzen und schälen. Die Kartoffeln
schälen und waschen. Alles in mundgerechte
Würfel schneiden. Die Zwiebel und den Knoblauch schälen und in feine Würfel schneiden.

2 Das Öl in einem Topf erhitzen, Zwiebel- und
Knoblauchwürfel darin andünsten. Das Gemüse
dazugeben und kurz mitdünsten. Die Brühe
dazugießen, das Lorbeerblatt hinzufügen und
die Suppe 15 bis 20 Minuten köcheln lassen,
bis das Gemüse weich ist, aber noch Biss hat.

3 Die Gemüsesuppe mit Piment, Salz und Pfeffer
abschmecken und das Lorbeerblatt entfernen.
Die Suppe in tiefen Tellern oder Schälchen anrichten und mit der Petersilie bestreuen. Dazu
schmeckt frisches Bauernbrot.

Graupensuppe
mit Kalbfleisch und Wirsing

Zutaten

400 g Kalbfleisch

Pfeffer aus der Mühle

2 Zwiebeln

1 Knoblauchzehe

2 EL Butter

1 TL ganzer Kümmel

1 l Rinderbrühe

1 TL Paprikapulver (edelsüß)

100 g Graupen

250 g Wirsing

150 g Rosenkohl

2–3 EL Crème légère · Salz

1 Frühlingszwiebel

(in feinen Streifen)

Zubereitung

FÜR 4 PERSONEN

1 Das Fleisch in mundgerechte Würfel schneiden und mit Pfeffer würzen. Die Zwiebeln und den Knoblauch schälen und in feine Würfel schneiden. Die Butter in einem Topf erhitzen und das Kalbfleisch darin rundum anbraten. Kümmel, Zwiebeln und Knoblauch hinzufügen und kurz mitbraten.

2 Die Brühe dazugießen, das Paprikapulver und die Graupen unterrühren. Alles zum Kochen bringen, die Hitze reduzieren und die Suppe 30 bis 40 Minuten köcheln lassen.

3 Inzwischen den Wirsing und den Rosenkohl putzen und waschen. Vom Wirsing den Strunk entfernen und den Wirsing in sehr feine Streifen schneiden. Aus den Rosenkohlröschen den Strunk kegelförmig herausschneiden und die Röschen in die einzelnen Blätter teilen. Die beiden Kohlsorten zur Suppe geben und weitere 15 Minuten garen.

4 Die Hälfte der Crème légère unterrühren und die Graupensuppe mit Salz und Pfeffer würzen. In tiefen Tellern oder Schälchen anrichten und mit der restlichen Crème légère sowie den Frühlingszwiebelstreifen garnieren.

Minestrone
mit Basilikumpesto

Für Topfgucker die reinste Freude: Die reichhaltige Gemüsesuppe
mit würzigem Pesto zählt zu den Exportschlagern aus bella Italia

Zutaten

½ Romanesco
(oder Blumenkohl)

1 Bund Frühlingszwiebeln

250 g grüner Spargel

2 Knoblauchzehen

2 kleine runde Zucchini

1 gelber Zucchino

12 Cocktailtomaten

1 l Gemüse- oder Hühnerbrühe

½ Bund Thymian

je 100 g Saubohnenkerne und
Erbsen (beides tiefgekühlt)

1 Stück Parmesanrinde

12 Lasagneblätter · Salz

4 EL Olivenöl

Pfeffer aus der Mühle

100 g Ricotta

100 g Basilikumpesto
(aus dem Glas)

Zubereitung
FÜR 4–6 PERSONEN

1 Den Romanesco putzen, waschen und in kleine Röschen teilen. Die Frühlingszwiebeln putzen, waschen und in etwa 3 cm große Stücke schneiden. Den Spargel waschen, nur im unteren Drittel schälen und die holzigen Enden abschneiden. Den Knoblauch schälen und in feine Würfel schneiden. Die Zucchini putzen und waschen, die runden Zucchini in Spalten, den gelben Zucchino in mundgerechte Stücke schneiden. Die Cocktailtomaten waschen und die Stielansätze entfernen.

2 Die Brühe in einem Topf aufkochen. Den Thymian waschen und trocken schütteln. Mit Romanesco, Frühlingszwiebeln und Knoblauch zur Brühe geben und etwa 6 Minuten köcheln lassen. Dann Spargel, Zucchini, Cocktailtomaten, Bohnenkerne, Erbsen sowie Parmesanrinde dazugeben und die Suppe weitere 8 Minuten garen.

3 Inzwischen die Lasagneblätter in reichlich kochendem Salzwasser sehr bissfest garen, mit dem Schaumlöffel herausnehmen, auf Küchenpapier abtropfen lassen und dritteln.

4 Das Olivenöl zur Suppe geben und die Suppe aufkochen lassen. Den Thymian und die Käserinde wieder entfernen und die Minestrone mit Salz und Pfeffer abschmecken. Zuletzt die Lasagneblätter dazugeben. Die Minestrone in tiefen Tellern oder Schälchen anrichten und mit jeweils 1 Klecks Ricotta und Basilikumpesto garnieren.

Tipp

Anstelle der Lasagneblätter können Sie auch kleine Röhren- oder Suppennudeln zur Minestrone geben. Das restliche Pesto aus dem Glas eignet sich wunderbar als schnelle Sauce für frisch gekochte Pasta.

Hühnersuppe
mit Nudeln und Gemüse

*Weckt müde Lebensgeister: Schon unsere Großmütter vertrauten
auf die kräftigende Wirkung von selbst gekochter Hühnersuppe*

Zutaten

1 Suppenhuhn (ca. 1,2 kg;
küchenfertig)

1 Zwiebel

1 Bund Suppengemüse

3 Stiele Petersilie

1 Lorbeerblatt

10 schwarze Pfefferkörner

200 g Suppennudeln

Salz · 2 Tomaten

200 g Erbsen (tiefgekühlt)

Pfeffer aus der Mühle

frisch geriebene Muskatnuss

Zubereitung
FÜR 4 PERSONEN

1 Das Huhn innen und außen waschen, in einen großen Topf geben und mit kaltem Wasser bedecken. Die Zwiebel schälen und halbieren. Auf den Schnittflächen in einer beschichteten Pfanne ohne Fett anrösten.

2 Das Suppengemüse putzen, waschen bzw. schälen und in Stücke schneiden. Die Petersilie waschen und trocken tupfen. Suppengemüse und Petersilie mit Zwiebel, Lorbeerblatt und Pfefferkörnern zum Huhn geben. Langsam bis zum Siedepunkt erhitzen, dabei den entstehenden Schaum abschöpfen. Bei schwacher Hitze etwa 1 1/2 Stunden köcheln, bis das Huhn gar ist. Das Huhn herausheben, die Brühe durch ein Sieb gießen und entfetten (siehe Tipp). 1 1/2 l Brühe zurück in den Topf geben (den Rest anderweitig verwenden oder einfrieren).

3 Das Hühnerfleisch auslösen, von Haut und Knochen befreien und in mundgerechte Stücke schneiden. Die Nudeln nach Packungsanweisung in reichlich kochendem Salzwasser garen. Die Tomaten überbrühen, häuten, vierteln, entkernen und in kleine Würfel schneiden.

4 Die Brühe aufkochen, die Erbsen dazugeben und 5 Minuten garen. Die Nudeln in ein Sieb abgießen, abtropfen lassen und mit dem Hühnerfleisch und den Tomatenwürfeln in die Brühe geben. Alles kurz erhitzen und die Suppe mit Salz, Pfeffer und Muskatnuss abschmecken. Die Hühnersuppe in tiefen Tellern oder Schälchen anrichten.

Tipp

Schnelle Variante zum Entfetten von Brühe: Etwas Küchenpapier über die Brühe ziehen – es saugt das Fett auf. Professioneller entfettet man mit speziellen Fettreduzierkannen aus dem Fachhandel.

Rindersuppe
mit Brezen-Leberknödeln

Zutaten

6 Brezen (vom Vortag; ohne Salz)

100 ml Milch

1 Gemüsezwiebel

2 Knoblauchzehen

60 g Butter · 400 g Rinderleber

100 g Rindermilz · 3 Eier

Salz · Pfeffer aus der Mühle

1 Msp. abgeriebene unbehandelte
Zitronenschale

getrockneter Majoran

gemahlener Kümmel

1 Bund Suppengemüse

1 ½ l Rinderbrühe

2 EL Schnittlauchröllchen

Zubereitung

FÜR 4–6 PERSONEN

1 Die Brezen in dünne Scheiben schneiden. Die
Milch erhitzen, über die Brezen gießen und
kurz ziehen lassen. Die Zwiebel und den Knoblauch schälen und in feine Würfel schneiden.
Die Butter in einer Pfanne erhitzen, die Zwie-
bel- und Knoblauchwürfel darin andünsten.

2 Die Rinderleber putzen, waschen und trocken
tupfen. Mit der Milz durch die feine Scheibe
des Fleischwolfs drehen. Die Brezenmasse, den
Zwiebel-Knoblauch-Mix, die Leber, die Milz und
die Eier in einer Schüssel gut verkneten. Die
Knödelmasse mit Salz, Pfeffer, Zitronenschale
sowie je 1 Prise Majoran und Kümmel würzen.

3 Das Suppengemüse putzen, waschen bzw. schälen und in Streifen bzw. Scheiben schneiden.
Die Brühe mit dem Gemüse zum Kochen bringen. Aus der Knödelmasse mit angefeuchteten
Händen etwa 12 Knödel formen und in die kochende Brühe geben. Die Hitze reduzieren und
die Brezen-Leberknödel etwa 20 Minuten gar
ziehen lassen. Das Fett von der Oberfläche der
Suppe abschöpfen. Die Rindersuppe mit den
Leberknödeln in tiefen Tellern oder Schälchen
anrichten und mit Schnittlauch garnieren.

Metzelsuppe
mit Gemüse und Grieben

Zutaten

300 g Knollensellerie

2 Möhren

300 g festkochende Kartoffeln

1 Bund Frühlingszwiebeln

2 EL Butter

1,2 l Metzelsuppe (Wurstbrühe,
vom Metzger; oder Rinderbrühe)

200 g durchwachsener
Räucherspeck (am Stück)

Salz · Pfeffer aus der Mühle

frisch geriebene Muskatnuss

2 EL Schnittlauchröllchen

1 EL gehackte Petersilie

Liebstöckelblätter für die Deko

Zubereitung
FÜR 4 PERSONEN

1 Den Sellerie und die Möhren putzen und schälen, den Sellerie halbieren und wie die Möhren in Scheiben schneiden. Kartoffeln schälen, waschen und in 2 cm große Würfel schneiden. Die Frühlingszwiebeln putzen, waschen und in feine Ringe schneiden.

2 Die Butter in einem Topf erhitzen, Sellerie, Möhren und Kartoffeln darin andünsten. Die Brühe dazugießen, aufkochen und das Gemüse etwa 10 Minuten köcheln lassen.

3 Dann die Frühlingszwiebeln dazugeben und die Suppe weitere 5 bis 10 Minuten köcheln lassen. Inzwischen den Speck in kleine Würfel schneiden und in einer Pfanne ohne Fett zu goldbraunen Grieben auslassen.

4 Die Metzelsuppe mit Salz, Pfeffer und Muskatnuss würzen. Den Schnittlauch und die gehackte Petersilie dazugeben. Die Metzelsuppe in tiefen Tellern oder Schälchen anrichten, mit den Grieben und den Liebstöckelblättern bestreut servieren.

Rinderbrühe
mit Speckknödeln

Herzhafte Alpenküche: Nicht nur bei Skifahrern und Gipfel-stürmern ist dieser deftige Magenwärmer ein heiß geliebter Imbiss

Zutaten

150 g Weißbrot (vom Vortag)

100 g Südtiroler Speck

(am Stück)

$1/2$ Zwiebel

$1/2$ EL Butter

1 EL gehackte Petersilie

2 EL Schnittlauchröllchen

1 Ei · $1/8$ l Milch

Salz · Pfeffer aus der Mühle

1 EL Mehl

1 l Rinderbrühe

Zubereitung
FÜR 4 PERSONEN

1 Das Weißbrot in $1/2$ cm große Würfel schneiden. Den Speck ohne Schwarte in 2 bis 3 mm große Würfel schneiden. Die Zwiebel schälen und in feine Würfel schneiden.

2 Die Speckwürfel in einer Pfanne ohne Fett auslassen, dann die Butter hinzufügen. Die Zwiebelwürfel dazugeben und goldbraun braten. Alles mit den Brotwürfeln, der Petersilie und 1 EL Schnittlauch in einer Schüssel mischen.

3 Das Ei mit der Milch verquirlen und mit Salz und Pfeffer würzen (Vorsicht, nur wenig Salz verwenden, da der Speck bereits gesalzen ist!). Die Eiermilch über die Brot-Speck-Mischung gießen, das Mehl darüberstäuben. Alles mit der Hand gut verkneten und die Masse 30 Minuten ruhen lassen.

4 In einem großen Topf reichlich Salzwasser zum Kochen bringen. Den Knödelteig nochmals kurz durchkneten und daraus mit angefeuchteten Händen 12 kleine Knödel formen. In das kochende Salzwasser geben und bei schwacher Hitze etwa 10 Minuten mehr ziehen als köcheln lassen.

5 Inzwischen die Brühe erhitzen. Die Speckknödel mit dem Schaumlöffel aus dem Wasser heben, kurz abtropfen lassen und je 3 Knödel mit Brühe in tiefen Tellern oder Schälchen anrichten. Mit dem restlichen Schnittlauch bestreuen.

Tipp

Zu einem deftigen Hauptgericht werden die Speck-knödel, wenn man sie mit Sauerkraut statt Brühe serviert. Dafür größere Knödel formen und entsprechend länger im Salzwasser ziehen lassen.

Maultaschensuppe
mit frittierten Schalotten

Das Schwabenland lässt grüßen: Was den Italienern ihre Tortellini
in brodo, sind den Schwaben ihre »Herrgottsbscheißerle« in Brühe

Zutaten

200 g Blattspinat

(tiefgekühlt)

350 g Mehl

4 Eier

Salz

5 Schalotten

1 Knoblauchzehe

1 EL Butter

200 g gemischtes Hackfleisch

ca. 4 EL Paniermehl

Pfeffer aus der Mühle

Mehl für die Arbeitsfläche

1 l Rinderbrühe

Öl zum Frittieren

2 EL Schnittlauchröllchen

Zubereitung
FÜR 4 PERSONEN

1 Den Spinat auftauen lassen. Das Mehl mit 3 Eiern, 1 Prise Salz und etwa 3 EL Wasser zu einem festen Nudelteig kneten. Den Teig in Frischhaltefolie gewickelt 20 Minuten ruhen lassen.

2 Den Spinat ausdrücken und fein hacken. Zwei Schalotten und den Knoblauch schälen und in feine Würfel schneiden. Die Butter in einer Pfanne erhitzen, Schalotten- und Knoblauch- würfel darin andünsten. Kurz abkühlen lassen, mit Spinat und Hackfleisch in einer Schüssel mischen. Restliches Ei trennen und das Eigelb zur Masse geben. So viel Paniermehl unterkne- ten, dass eine geschmeidige, nicht zu weiche Masse entsteht. Kräftig mit Salz und Pfeffer würzen.

3 Den Nudelteig halbieren und auf der bemehlten Arbeitsfläche zu 2 Rechtecken à 6 cm Breite ausrollen. Die Hackfleisch-Spi- nat-Füllung auf der einen Teigplatte verteilen, dabei rundum einen Rand frei lassen. Den Teigrand mit verquirltem Eiweiß bestreichen. Die zweite Teigplatte darüberlegen und die Rän- der fest andrücken. Den gefüllten Teig in etwa 6 x 6 cm große Maultaschen schneiden und die Teigränder von jeder Maulta- sche nochmals etwas andrücken. Die Maultaschen in Salzwas- ser bei schwacher Hitze etwa 12 Minuten gar ziehen lassen.

4 Inzwischen die Brühe aufkochen und mit Salz und Pfeffer ab- schmecken. Die restlichen Schalotten schälen und in feine Ringe schneiden. In heißem Öl frittieren und auf Küchenpapier abtropfen lassen. Maultaschen mit Brühe in tiefen Tellern anrichten und mit Schalotten und Schnittlauch garnieren.

Tipp

Maultaschen sind eine Spezialität der schwäbischen Küche. Statt in Brühe werden die gegarten Teigta- schen auch mit gebräunter Butter und Röstzwiebeln serviert. Dazu gibt es dann oft Kartoffelsalat.

Buttermilchsuppe
mit Kartoffeln und Rosinen

Zutaten

2 EL Rosinen

250 g mehlig kochende
Kartoffeln · Salz

3 EL Weizenschrot

1 l Buttermilch

1 Zwiebel

1 EL Öl

½ Bund Petersilie

Pfeffer aus der Mühle

frisch geriebene Muskatnuss

2 EL Butter

Zubereitung
FÜR 4 PERSONEN

1 Die Rosinen in Wasser einweichen. Die Kartoffeln schälen, waschen und in kleine Würfel schneiden. In kochendem Salzwasser etwa 20 Minuten weich garen.

2 Den Weizenschrot in einem Topf ohne Fett anrösten. Die Buttermilch unter Rühren dazugießen. Die Rosinen in ein Sieb abgießen, abtropfen lassen und dazugeben. Bei mittlerer Hitze etwa 5 Minuten köcheln lassen.

3 Die Zwiebel schälen und in feine Ringe schneiden. Das Öl in einer Pfanne erhitzen und die Zwiebelringe darin goldbraun braten. Die Petersilie waschen und trocken schütteln, die Blätter abzupfen und fein hacken.

4 Die Kartoffeln abgießen und zur Buttermilchsuppe geben. Die Suppe mit Salz, Pfeffer und Muskatnuss würzen, vom Herd nehmen und die Butter unterrühren. Die Suppe in tiefen Tellern oder Schälchen anrichten und mit der Petersilie und den Zwiebelringen garnieren.

Käsesuppe
mit Croûtons

Zutaten

2 Schalotten

1 Knoblauchzehe

3 EL Butter

800 ml Gemüsebrühe

150 g Ziegenfrischkäse

100 g Sahne

Salz · Pfeffer aus der Mühle

2 TL Zitronensaft

2 Scheiben Weißbrot

(vom Vortag)

Zubereitung
FÜR 4 PERSONEN

1 Die Schalotten und den Knoblauch schälen und in feine Würfel schneiden. In einem Topf 2 EL Butter erhitzen, die Schalotten- und Knoblauchwürfel darin andünsten. Die Brühe dazugießen und aufkochen lassen.

2 Den Käse grob zerkleinern und mit der Sahne in die Suppe geben. Bei schwacher Hitze rühren, bis der Käse sich aufgelöst hat.

3 Die Käsesuppe mit dem Stabmixer kurz pürieren und mit Salz, Pfeffer und Zitronensaft abschmecken.

4 Die Weißbrotscheiben in kleine Würfel schneiden. Die restliche Butter in einer Pfanne erhitzen und die Brotwürfel darin rundum goldbraun braten. Die Käsesuppe in tiefen Tellern oder Schälchen anrichten und mit den Croûtons und nach Belieben mit gehacktem Thymian oder Dill bestreuen.

Grüne Kartoffelsuppe
mit Sellerie und Speck

Kaum zu glauben, aber wahr: Die Hauptrolle bei dieser grünen Gemüsesuppe spielen tatsächlich Kartoffeln

Zutaten

500 g mehlig kochende
Kartoffeln

2 Frühlingszwiebeln

das Grün von 1 Sellerieknolle

2 Knoblauchzehen

1,2 l Gemüsebrühe

Salz · Pfeffer aus der Mühle

frisch geriebene Muskatnuss

2 Scheiben Frühstücksspeck

2 EL Sahne

4 EL Crème fraîche

Zubereitung
FÜR 4 PERSONEN

1 Die Kartoffeln schälen, waschen und in Würfel schneiden. Die Frühlingszwiebeln putzen, waschen und in Ringe schneiden. Das Selleriegrün waschen und trocken schütteln, die Blätter abzupfen und – bis auf einige für die Deko – in Streifen schneiden. Den Knoblauch schälen und klein schneiden.

2 Die Brühe mit Kartoffeln, Frühlingszwiebeln, Sellerieblättern und Knoblauch in einen Topf geben und aufkochen lassen. Mit Salz, Pfeffer und Muskatnuss kräftig würzen und bei schwacher Hitze etwa 25 Minuten köcheln lassen.

3 Inzwischen die Speckscheiben halbieren und in einer Pfanne ohne Fett knusprig braten.

4 Die Kartoffelsuppe mit dem Stabmixer pürieren, die Sahne und die Crème fraîche unterrühren. Die Suppe nochmals abschmecken und in tiefen Tellern oder Schälchen anrichten. Mit Speck und beiseitegelegtem Selleriegrün garnieren.

Tipp

Statt mit gebratenem Speck können Sie die Suppe auch mit Knoblauchcroûtons garnieren. Etwas edler wird die Kartoffelsuppe, wenn Sie sie mit 150 g Räucherlachs (in Streifen) anrichten.

Steinpilzcremesuppe
mit Champignons und Kassler

Zutaten

600 ml Gemüsebrühe

10–20 g getrocknete Steinpilze
(je nach Geschmack)

250 g Champignons

2 rote Zwiebeln

1 Knoblauchzehe

2 EL Öl

Salz · Pfeffer aus der Mühle

60 g Kassler

je 2 EL Crème fraîche und Sahne

Zubereitung
FÜR 2 PERSONEN

1 Etwa 150 ml Brühe erhitzen. Die Steinpilze kalt abspülen und in der heißen Brühe einweichen. Die Champignons putzen, trocken abreiben und je nach Größe halbieren oder vierteln. Die Zwiebeln und den Knoblauch schälen und in feine Würfel schneiden.

2 In einem Topf 1 EL Öl erhitzen, Zwiebel- und Knoblauchwürfel darin andünsten. Die Steinpilze in ein Sieb abgießen und abtropfen lassen, dabei die Brühe auffangen. Steinpilze und Champignons in den Topf geben und anbraten.

3 Die Steinpilzbrühe und die restliche Brühe dazugießen. Die Suppe mit Salz und Pfeffer würzen und etwa 15 Minuten köcheln lassen.

4 Das Kassler in feine Würfel schneiden. Das restliche Öl in einer Pfanne erhitzen, das Kassler darin kurz anbraten und mit Pfeffer würzen. 2 EL Pilze aus der Brühe nehmen und beiseitestellen. Die restlichen Pilze in der Brühe fein pürieren und die Crème fraîche unterrühren. Die Suppe nochmals abschmecken und auf tiefe Teller oder Schälchen verteilen. Mit Sahne beträufeln und mit den Kasslerwürfeln und beiseitegestellten Pilzen garnieren.

Petersilienwurzelsuppe
mit Rote-Bete-Saft

Zutaten

400 g Petersilienwurzeln

1 mehlig kochende
Kartoffel (ca. 100 g)

1 Schalotte

1 Knoblauchzehe

2 EL Butter

800 ml Gemüse- oder
Hühnerbrühe

150 g Sahne

Salz · Pfeffer aus der Mühle

frisch geriebene Muskatnuss

gemahlener Kümmel

2 EL Rote-Bete-Saft

Zubereitung
FÜR 4 PERSONEN

1 Die Petersilienwurzeln putzen und schälen, die
Kartoffel schälen und waschen. Beides in etwa
1 cm große Würfel schneiden. Die Schalotte
und den Knoblauch schälen und in feine Würfel
schneiden.

2 Die Butter in einem Topf erhitzen, Schalotten-
und Knoblauchwürfel darin andünsten. Die
Petersilienwurzeln und Kartoffeln dazugeben
und etwa 2 Minuten mitdünsten. Die Brühe
dazugießen und bei schwacher Hitze etwa
20 Minuten köcheln lassen.

3 Dann die Sahne dazugeben und die Suppe mit
dem Stabmixer fein pürieren. Die Petersilien-
wurzelsuppe mit Salz, Pfeffer, Muskatnuss und
Kümmel abschmecken. In tiefen Tellern oder
Schälchen anrichten und jeweils mit 1/2 EL Rote-
Bete-Saft garnieren.

Gulaschsuppe
mit saurer Sahne

Würziger Verführer aus der Puszta: An dem ungarischen
Suppen-Hit kann man sich gar nicht oft genug »sattlöffeln«

Zutaten

Für die Suppe:

700 g Rindfleisch (aus der
Wade oder Schulter)

400 g Zwiebeln · 1–2 EL Öl

1 EL Tomatenmark

¾ l Hühnerbrühe

1 rote Paprikaschote

400 g festkochende Kartoffeln

Salz · Pfeffer aus der Mühle

1 Lorbeerblatt

4 TL saure Sahne

Für das Gulaschgewürz:

2 Knoblauchzehen

je ½ TL ganzer Kümmel
und getrockneter Majoran

abgeriebene Schale von
½ unbehandelten Zitrone

½ TL Paprikapulver (edelsüß)

1–2 EL Hühnerbrühe

Zubereitung
FÜR 4 PERSONEN

1 Für die Suppe das Rindfleisch von Fett und Sehnen befreien und in 1 cm große Würfel schneiden. Die Zwiebeln schälen und in feine Würfel schneiden. Das Öl in einem Topf erhitzen, die Fleischstücke darin bei mittlerer Hitze rundum gut anbraten und wieder aus dem Topf nehmen.

2 Die Zwiebelwürfel in den Topf geben und darin andünsten, das Tomatenmark unterrühren und einige Minuten mitdünsten. Das Fleisch wieder hinzufügen und die Brühe angießen. Die Suppe zugedeckt bei schwacher Hitze etwa 2 Stunden köcheln lassen.

3 Inzwischen die Paprika längs halbieren, entkernen, waschen und in kleine Würfel schneiden. Die Kartoffeln schälen, waschen und in 1 cm große Würfel schneiden. Nach 2 Stunden Garzeit die Paprika- und Kartoffelwürfel in die Suppe geben. Mit Salz und Pfeffer würzen, das Lorbeerblatt dazugeben und die Suppe weitere 30 Minuten garen.

4 Für das Gulaschgewürz den Knoblauch schälen, in Scheiben schneiden und mit dem Kümmel und dem Majoran fein hacken. Die Zitronenschale und das Paprikapulver mit der Brühe glatt rühren. Die Gulaschsuppe mit der Gewürzmischung und der Zitronen-Paprika-Mischung würzen und weitere 5 Minuten ziehen lassen.

5 Das Lorbeerblatt aus der Gulaschsuppe entfernen. Die Suppe mit Salz und Pfeffer abschmecken, in tiefen Tellern oder Schälchen anrichten und mit je 1 EL saurer Sahne garnieren.

Bohnensuppe

mit Tomaten und Nudeln

Rustikaler Genuss aus dem Piemont: So köstlich zubereitet,
überzeugen die braunen Hülsenfrüchte selbst die größten Skeptiker

Zutaten

250 g getrocknete
braune Bohnen (z.B. Pinto-
oder Borlotti-Bohnen)

1 weiße Zwiebel

150 g Tomaten

4 EL Olivenöl

1 Stange Staudensellerie

je 1 Handvoll Basilikum- und
Petersilienblätter

Salz · Pfeffer aus der Mühle

100 g kurze Röhrennudeln
(z.B. Sedanini)

30 g Parmesan (am Stück)

Zubereitung

FÜR 4 PERSONEN

1 Am Vortag die Bohnen in reichlich kaltem Wasser über Nacht einweichen. Am nächsten Tag die Bohnen in ein Sieb abgießen und in reichlich Wasser je nach Sorte 40 bis 50 Minuten sehr bissfest garen. In ein Sieb abgießen und abtropfen lassen.

2 Die Zwiebel schälen und in feine Würfel schneiden. Die Tomaten überbrühen, häuten, vierteln, entkernen und in kleine Stücke schneiden.

3 Das Olivenöl in einem Topf erhitzen und die Zwiebelwürfel darin andünsten. Die Tomaten dazugeben und bei mittlerer Hitze kurz mitdünsten. Dann die Bohnen dazugeben und etwa 5 Minuten dünsten, dabei gelegentlich umrühren.

4 Den Sellerie putzen, waschen und in kleine Würfel schneiden. Die Kräuterblätter waschen und trocken tupfen.

5 So viel heißes Wasser zu den Bohnen gießen, dass sie vollständig bedeckt sind. Den Sellerie dazugeben, mit Salz und Pfeffer würzen. Aufkochen lassen, die Nudeln hinzufügen und die Bohnensuppe so lange köcheln, bis die Nudeln gar sind, aber noch Biss haben – dabei gelegentlich umrühren. Zuletzt die Kräuterblätter untermischen.

6 Die Bohnensuppe nochmals mit Salz und Pfeffer abschmecken und in tiefen Tellern oder Schälchen anrichten. Den Parmesan darüberreiben. Dazu passt italienisches Weißbrot.

Tipp

Wer sich die Zeit für das Einweichen und Garen der Bohnen sparen möchte, nimmt einfach 500 g braune Bohnen aus der Dose. Da diese bereits gegart sind, müssen sie nur kurz erhitzt werden.

Feine und edle Suppen

Feine Hochzeitssuppe
mit Schöberln und Nockerln

Für den schönsten Tag im Leben: Dieses Gurkensüppchen mit würziger Einlage ist der perfekte Beginn eines unvergesslichen Fests

Zutaten

Für die Suppe:

1 Salatgurke

je 1 Bund Basilikum, Dill und Petersilie

1 Bund Frühlingszwiebeln

Salz · Pfeffer aus der Mühle

Zucker

Für die Einlagen:

1 Brötchen (vom Vortag)

100 ml Milch

50 g gekochter Schinken

3 Eier

3 EL weiche Butter

60–70 g Mehl

Salz · Pfeffer aus der Mühle

2 EL gehackte gemischte Kräuter (z. B. Basilikum, Petersilie, Schnittlauch)

Zubereitung

FÜR 4 PERSONEN

1 Für die Suppe die Gurke putzen, waschen und in feine Scheiben hobeln. Die Kräuter waschen, trocken schütteln, die Blätter bzw. Spitzen abzupfen und die Stiele beiseitelegen. Die Frühlingszwiebeln putzen, waschen und in Ringe schneiden. Einige Kräuterblätter für die Deko beiseitelegen, den Rest mit den grünen Frühlingszwiebelringen und der Gurke in einem großen Topf mischen.

2 Die weißen Frühlingszwiebelringe mit 700 ml Wasser, den Kräuterstielen und 1 TL Salz 5 Minuten kochen lassen, dann über die Gurkenscheiben gießen. Abkühlen und im Kühlschrank zugedeckt mindestens 6 Stunden ziehen lassen.

3 Für die Schöberln das Brötchen entrinden, in Würfel schneiden und in der Milch einweichen. Den Schinken fein schneiden. 1 Ei trennen. Das Brötchen ausdrücken, mit 2 EL Butter, dem Schinken, dem Eigelb und 1 TL Mehl mischen. Mit Salz und Pfeffer würzen. Das Eiweiß steif schlagen und unterheben.

4 Den Backofen auf 200 °C vorheizen. Eine Auflaufform mit der restlichen Butter einfetten. Die Masse fingerdick hineingeben und glatt streichen. Im Ofen auf der mittleren Schiene etwa 10 Minuten goldgelb backen. Die Schinkenschöberln herausnehmen, abkühlen lassen und in Rauten schneiden.

5 Für die Nockerln die restlichen Eier und das restliche Mehl mit den gehackten Kräutern glatt rühren, mit Salz und Pfeffer würzen. Aus der Masse mit zwei angefeuchteten Teelöffeln Nockerln abstechen und in kochendes Salzwasser geben. Einmal aufkochen lassen und die Kräuternockerln herausnehmen.

6 Ein feines Sieb über einen Topf hängen, die Gurkenmischung hineingeben und gut ausdrücken. Die Suppe aufkochen, mit Salz, Pfeffer und Zucker abschmecken. Die Nockerln darin erhitzen. Die Suppe mit Schinkenschöberln und Nockerln anrichten und mit den beiseitegelegten Kräutern garnieren.

Steinpilzbrühe
mit Pilzravioli

*Edles für Pilzliebhaber: Wenn selbst gemachte Teigtaschen
in einer aromatischen Pilzbrühe schwimmen, ist Hochgenuss garantiert*

Zutaten

Für die Ravioli:

400 g Mehl · 4 Eier

1 ½ EL Olivenöl · Salz

200 g Pilze (z. B. Egerlinge)

1 Zwiebel

250 g Ricotta

50 g geriebener Pecorino

Pfeffer aus der Mühle

frisch geriebene Muskatnuss

Mehl für die Arbeitsfläche

Für die Brühe:

1 dünne, lange Stange Lauch

1 l Hühnerbrühe

⅛ l trockener Weißwein

2 TL Steinpilzpulver

350 g kleinere Steinpilze

2 EL Butter

Salz · Pfeffer aus der Mühle

Kerbelblätter für die Deko

Zubereitung

FÜR 4 PERSONEN

1 Für die Ravioli das Mehl, die Eier, 1 TL Olivenöl und 1 TL Salz zu einem glatten, geschmeidigen Nudelteig kneten. Bei Bedarf noch etwas Mehl oder Wasser dazugeben. Den Teig zu einer Kugel formen und in Frischhaltefolie gewickelt etwa 30 Minuten ruhen lassen.

2 Die Pilze putzen, trocken abreiben und fein hacken. Die Zwiebel schälen und in feine Würfel schneiden. Restliches Olivenöl in einer Pfanne erhitzen und die Zwiebel darin andünsten. Die Pilze dazugeben und unter ständigem Rühren bei mittlerer Hitze so lange dünsten, bis die Flüssigkeit verdampft ist. Lauwarm abkühlen lassen und mit Ricotta und Pecorino mischen. Die Pilzmasse mit Salz, Pfeffer und Muskatnuss würzen.

3 Den Teig nochmals durchkneten und mit der Nudelmaschine oder auf der leicht bemehlten Arbeitsfläche messerrückendick ausrollen. Die Hälfte des Teigs in Abständen von etwa 3 cm mit je 1 bis 2 TL Füllung belegen. Mit dem restlichen Teig bedecken, den Teig um die Füllung herum gut andrücken und mit einem Teigrädchen Teigtaschen ausschneiden. Die Ravioli in kochendem Salzwasser 3 bis 4 Minuten garen. Mit dem Schaumlöffel herausnehmen und abtropfen lassen.

4 Für die Brühe den Lauch putzen, waschen und in feine Ringe schneiden. Die Brühe mit dem Wein, dem Steinpilzpulver und dem Lauch aufkochen. Die Pilze putzen, trocken abreiben und in Scheiben schneiden. Die Butter in einer Pfanne erhitzen und die Pilze darin auf beiden Seiten goldbraun braten. Mit Salz und Pfeffer würzen.

5 Die Ravioli in die Brühe geben und einmal aufkochen lassen. Die gebratenen Pilze auf tiefe Teller oder Schälchen verteilen, die Ravioli mit dem Schaumlöffel aus der Brühe nehmen und zu den Steinpilzen geben. Mit der Steinpilzbrühe auffüllen und mit den Kerbelblättern bestreuen.

Rinderbrühe
mit Grießnockerln

Zutaten

40 g weiche Butter

75 g Grieß

1 Ei · Salz

frisch geriebene Muskatnuss

1 l Rinderbrühe

Petersilienblätter für die Deko

Zubereitung
FÜR 4 PERSONEN

1 Die Butter in einer kleinen Schüssel schaumig rühren und etwas Grieß untermischen. Dann das Ei unterrühren und den restlichen Grieß untermischen.

2 Die Grießmasse mit Salz und 1 Prise Muskatnuss würzen und zugedeckt etwa 20 Minuten ruhen lassen.

3 Die Brühe aufkochen. Aus der Grießmasse mit zwei angefeuchteten Teelöffeln gleichmäßige Portionen abstechen und zu länglichen Nockerln formen. Nach und nach die Grießnockerln in die heiße Brühe geben und bei schwacher Hitze etwa 15 Minuten darin ziehen lassen.

4 Die Rinderbrühe mit den Nockerln in tiefen Tellern oder Schälchen anrichten und mit den Petersilienblättern bestreuen.

Hühnersuppe
mit Sesamflädle

Zutaten

1 EL helle Sesamsamen

50 g Mehl

ca. 50 ml Milch

1 EL Sesamöl · Sojasauce

2 Eier · Öl zum Ausbacken

2 Möhren

1 l Hühnerbrühe

1 TL Honig

Ingwerpulver

Cayennepfeffer

1 Frühlingszwiebel
(in feinen Ringen)

1 rote Chilischote
(in feinen Streifen)

Zubereitung
FÜR 4 PERSONEN

1 Die Sesamsamen in einer Pfanne ohne Fett anrösten, bis sie zu duften beginnen. Aus der Pfanne nehmen. Das Mehl mit der Milch glatt rühren. Sesamöl und -samen sowie 2 EL Sojasauce dazugeben und die Eier unterrühren – der Teig sollte zähflüssig sein, falls nötig, noch etwas Mehl untermischen. Den Teig etwa 10 Minuten quellen lassen.

2 Eine Pfanne mit Öl auspinseln und aus dem Teig nacheinander dünne goldbraune Pfannkuchen backen. Die gebackenen Pfannkuchen aufrollen und auskühlen lassen, dann in dünne Streifen (Flädle; siehe S. 9) schneiden. Die Flädle auf tiefe Teller oder Schälchen verteilen.

3 Die Möhren putzen, schälen und in dünne Scheiben schneiden. Die Brühe mit den Möhrenscheiben aufkochen und mit Sojasauce, Honig sowie je 1 Prise Ingwerpulver und Cayennepfeffer abschmecken. Die Suppe 3 bis 4 Minuten köcheln lassen.

4 Die Hühnersuppe über die Flädle gießen und mit den Frühlingszwiebelringen sowie den Chilistreifen bestreuen.

Misosuppe
mit Tofu und Zuckerschoten

Gesunde Kost aus Fernost: In Japan ist diese leichte Suppe
so beliebt, dass man sie dort schon zum Frühstück löffelt

Zutaten

300 g Tofu

4 Tomaten

200 g Zuckerschoten

das Grün von 2 Frühlings-

zwiebeln

2 EL Misopaste

1 l Dashibrühe

(aus dem Asienladen;

siehe Tipp)

Sojasauce

Cayennepfeffer

Zubereitung
FÜR 4 PERSONEN

1 Den Tofu waschen, trocken tupfen und in etwa 1 1/2 cm große Würfel schneiden. Die Tomaten überbrühen, häuten, vierteln und entkernen. Die Tomatenviertel nach Belieben noch klein schneiden. Die Zuckerschoten putzen, waschen und nach Belieben quer halbieren. Das Frühlingszwiebelgrün putzen, waschen und in feine Ringe schneiden.

2 Die Misopaste in etwas Brühe auflösen. Die restliche Brühe in einem Topf aufkochen lassen und die Misopaste einrühren. Die Zuckerschoten dazugeben und etwa 2 Minuten köcheln lassen. Dann den Tofu, die Tomaten und die Frühlingszwiebeln in die Suppe geben und alles bei schwacher Hitze weitere 3 bis 4 Minuten ziehen lassen.

3 Die Misosuppe mit Sojasauce und Cayennepfeffer abschmecken und in tiefen Tellern oder Schälchen anrichten.

Tipp

Für die Zubereitung von Dashibrühe benötigt man ein spezielles Instantpulver, das in Asienläden erhältlich ist. Damit lässt sich die gewünschte Menge an Brühe schnell und einfach herstellen.

Frühlingskräutersuppe
und Sauerampfersuppe

Kulinarische Frühlingsboten: Die beiden Cremesuppen sorgen mit ihrem Potpourri an Kräutern für einen wunderbaren Aromakick

Zutaten

Für die Kräutersuppe:

1/2 Bund Dill

1 Bund Petersilie

je 1 Handvoll Bärlauch-,

Kerbel-, Kresse- und

Brennnesselblätter

2 Knoblauchzehen

1 Schalotte · 3 EL Butter

2 EL Mehl · 1,2 l Gemüsebrühe

2 Scheiben Toastbrot

(vom Vortag; ohne Rinde)

150 g Sahne

2 EL Crème fraîche

Salz · Pfeffer aus der Mühle

frisch geriebene Muskatnuss

Für die Sauerampfersuppe:

200 g Sauerampfer

600 ml kalte Gemüsebrühe

250 g Sahne

100 ml trockener Weißwein

3 Knoblauchzehen

Salz · Pfeffer aus der Mühle

frisch geriebene Muskatnuss

Kerbelblätter für die Deko

Zubereitung
FÜR JEWEILS 4 PERSONEN

1 Für die Kräutersuppe den Dill und die Petersilie waschen und trocken schütteln, die Spitzen bzw. Blätter abzupfen und – bis auf einige für die Deko – grob hacken. Die restlichen Kräuterblätter waschen und trocken tupfen.

2 Den Knoblauch und die Schalotte schälen und in feine Würfel schneiden. 2 EL Butter in einem Topf erhitzen, Knoblauch- und Schalottenwürfel darin andünsten. Die Hälfte der Kräuter dazugeben, kurz mitdünsten und mit dem Mehl bestäuben. Die Brühe dazugießen und etwa 10 Minuten köcheln lassen.

3 Inzwischen die Brotscheiben in Würfel schneiden. Die restliche Butter in einer Pfanne erhitzen und die Brotwürfel darin rundum goldbraun braten. Auf Küchenpapier abtropfen lassen.

4 Die Sahne, die Crème fraîche und die restlichen Kräuter zur Suppe geben und die Suppe mit dem Stabmixer fein pürieren. Mit Salz, Pfeffer und Muskatnuss abschmecken. Die Frühlingskräutersuppe in tiefen Tellern oder Schälchen anrichten und mit Croûtons und beiseitegelegten Kräutern garnieren.

5 Für die Sauerampfersuppe den Sauerampfer verlesen, waschen, trocken schütteln und grob hacken. 2 EL Sauerampfer für die Deko beiseitelegen, den Rest mit der Brühe und 100 g Sahne im Küchenmixer fein pürieren.

6 Die kalte Suppe in einen Topf geben und langsam aufkochen lassen. Den Wein dazugießen. Den Knoblauch schälen und in feine Würfel schneiden, mit 100 g Sahne zur Suppe geben. Die Sauerampfersuppe mit Salz, Pfeffer und Muskatnuss würzen und bei schwacher Hitze 10 Minuten köcheln lassen.

7 Die restliche Sahne halb steif schlagen. Die Sauerampfersuppe bei Bedarf nochmals abschmecken und in tiefen Tellern oder Schälchen anrichten. Mit geschlagener Sahne, dem beiseitegelegten Sauerampfer und den Kerbelblättern garnieren.

Spargelcremesuppe
mit Ricottaplätzchen

*Feines für die Spargelsaison: Der König der Gemüse wird hier
zusammen mit knusprigen Plätzchen in eine sämige Suppe gebettet*

Zutaten

Für die Ricottaplätzchen:

2 Scheiben Toastbrot

einige Bärlauchblätter (oder

½ Bund Schnittlauch)

2 EL Ricotta · 1 Ei

Salz · Pfeffer aus der Mühle

2 EL Öl

Für die Suppe:

500 g weißer Spargel

800 ml Gemüsebrühe

1 Streifen unbehandelte

Zitronenschale

200 g Sahne

2 EL kalte Butter

Salz · Cayennepfeffer

frisch geriebene Muskatnuss

einige Spritzer Zitronensaft

Zubereitung
FÜR 4 PERSONEN

1 Für die Ricottaplätzchen das Toastbrot entrinden und im Küchenmixer zu Bröseln zerkleinern. Den Bärlauch waschen, trocken tupfen und fein hacken. Die Toastbrotbrösel, den Bärlauch, den Ricotta und das Ei verkneten. Die Masse mit Salz und Pfeffer würzen.

2 Für die Suppe den Spargel waschen, schälen und die holzigen Enden abschneiden. Den Spargel in mundgerechte Stücke schneiden. Brühe in einem Topf aufkochen und die Spargelschalen darin bei schwacher Hitze 20 Minuten ziehen lassen. Den Sud durch ein Sieb in einen Topf gießen, Spargelschalen dabei mit der Schöpfkelle gut ausdrücken und entfernen.

3 Die Spargelstücke mit der Zitronenschale in den Sud geben und bei schwacher Hitze etwa 10 Minuten bissfest garen. Ein Viertel der Spargelstücke mit der Schöpfkelle aus dem Sud nehmen und beiseitestellen. Die Zitronenschale entfernen und die Suppe mit dem Stabmixer fein pürieren.

4 Die Sahne in den Topf zur Spargelsuppe geben und bis knapp unter den Siedepunkt erhitzen. Die Butter hinzufügen und mit dem Stabmixer unterschlagen. Die Spargelsuppe mit Salz, Cayennepfeffer, Muskatnuss und Zitronensaft abschmecken. Die beiseitegelegten Spargelstücke wieder dazugeben und nochmals kurz erwärmen.

5 Das Öl in einer Pfanne erhitzen. Aus der Ricottamasse mit einem Teelöffel 12 kleine Häufchen abstechen, in die Pfanne geben, etwas flach drücken und auf beiden Seiten goldbraun braten. Die Spargelsuppe in tiefen Tellern oder Schälchen anrichten, je 3 Plätzchen hineingeben und die Suppe nach Belieben mit Schnittlauchröllchen und Cayennepfeffer bestreuen.

Kalte Mandelsuppe
mit Knoblauch

Zutaten

3 Scheiben Weißbrot (ca. 80 g)

150 g ungeschälte Mandeln

3 Knoblauchzehen

4 EL Olivenöl

1 EL Weißweinessig

Salz · Pfeffer aus der Mühle

Zubereitung

FÜR 4 PERSONEN

1 Die Weißbrotscheiben entrinden und in kaltem Wasser einweichen. Die Mandeln in kochendem Wasser 2 bis 3 Minuten blanchieren und kalt abschrecken. Die Kerne aus den Schalen drücken und mit Küchenpapier trocken tupfen.

2 Den Knoblauch schälen. Das Weißbrot gut ausdrücken und mit dem Knoblauch und den Mandeln im Küchenmixer fein pürieren.

3 Die Mandelpaste in einer großen Schüssel mit dem Olivenöl und 800 ml kaltem Wasser verrühren. Mit Essig, Salz und Pfeffer pikant abschmecken und im Kühlschrank zugedeckt etwa 1 Stunde ziehen lassen.

4 Die Mandelsuppe in tiefen Tellern oder Schälchen anrichten und nach Belieben mit gerösteten Mandelstiften oder gegarten Gemüsewürfeln bestreuen. Dazu passt frisches Weißbrot.

Kürbiscremesuppe
mit Curry und Sahne

Zutaten

4 kleine Kürbisse
(z. B. Golden Nuggets)

2 Stangen Staudensellerie

1 Stange Lauch

2 kleine Zwiebeln

2 EL Olivenöl · 2 EL Butter

2 TL Tomatenmark

2 TL Currypulver

700–800 ml Hühnerbrühe

200 g Sahne

Salz · Pfeffer aus der Mühle

Zubereitung

FÜR 4 PERSONEN

1   Den Backofen auf 80 °C vorheizen. Von den Kürbissen jeweils einen Deckel abschneiden. Die Kerne mit einem Löffel entfernen und das Kürbisfruchtfleisch herauslösen, dabei einen etwa 1 1/2 cm dicken Rand stehen lassen. (Vorsicht: Kürbiswand nicht verletzen!) Die Kürbisse ausspülen und bis zur Weiterverwendung im Backofen erwärmen.

2   Das Kürbisfleisch in etwa 1 cm große Würfel schneiden. Den Sellerie putzen, waschen und in feine Scheiben schneiden. Den Lauch putzen, waschen und in feine Ringe schneiden. Die Zwiebeln schälen und in feine Würfel schneiden. Das Olivenöl und die Butter in einem Topf erhitzen, Sellerie, Lauch und Zwiebeln darin andünsten. Tomatenmark und Currypulver unterrühren und kurz anrösten. Die Kürbiswürfel hinzufügen, die Brühe dazugießen und zugedeckt bei mittlerer Hitze etwa 20 Minuten köcheln lassen, bis die Kürbisstücke weich sind.

3   Die Sahne hinzufügen und die Kürbissuppe fein pürieren. Mit Salz und Pfeffer würzen, in den ausgehöhlten Kürbissen anrichten und nach Belieben mit Croûtons und Käsespänen garnieren.

Möhrensuppe

mit Apfel und Ingwer

*Das kann sich schmecken lassen: Ingwer, Currypulver und Apfel ver-
helfen der unscheinbaren Wurzelsuppe zu einem glamourösen Auftritt*

Zutaten

300 g Möhren

1 Zwiebel

1 Tomate

2 TL Puderzucker

800 ml Gemüsebrühe

1 Knoblauchzehe

1 rotschaliger Apfel

1 TL gehackter Ingwer

1/2–1 TL mildes Currypulver

je 1 TL Koriander- und
schwarze Pfefferkörner

1/2 TL zerstoßene Zimtstange

200 g Sahne

4 EL kalte Butter

Zubereitung

FÜR 4 PERSONEN

1 Die Möhren und die Zwiebel schälen und klein schneiden.
Die Tomate waschen und ebenfalls klein schneiden, dabei
den Stielansatz entfernen.

2 In einem Topf 1 TL Puderzucker bei schwacher Hitze hell
karamellisieren, das Gemüse hinzufügen und kurz darin
andünsten. Die Brühe dazugießen und alles bei schwacher
Hitze etwa 20 Minuten köcheln lassen.

3 Den Knoblauch schälen und halbieren. Den Apfel waschen,
vierteln und das Kerngehäuse entfernen. Die Apfelviertel in
dünne Spalten schneiden. Zwei Apfelspalten schälen, klein
schneiden und mit dem Ingwer, dem Knoblauch und dem
Currypulver in die Suppe geben. Koriander- und Pfefferkörner
sowie Zimt in eine Gewürzmühle füllen und die Suppe damit
würzen. Die Sahne und 3 EL Butter dazugeben und die Suppe
mit dem Stabmixer fein pürieren.

4 Den restlichen Puderzucker in einer Pfanne bei mittlerer
Hitze hell karamellisieren. Die restlichen Apfelspalten und
die übrige Butter hinzufügen und die Apfelspalten darin auf
beiden Seiten hell anbraten.

5 Die Suppe mit dem Stabmixer nochmals aufschäumen, in
tiefen Tellern oder Schälchen anrichten und mit den Apfelspalten garnieren. Nach Belieben mit Currypulver bestäuben.

Tipp

Lust auf noch mehr Exotik? Für eine Möhrensuppe
im Thai-Stil ersetzen Sie die Sahne durch Kokosmilch und fügen noch 1 rote Chilischote (in feinen
Würfeln) zum Gemüse hinzu.

Brokkolisuppe
mit Basilikum

Zutaten

4 Knoblauchzehen

1 Bund Frühlingszwiebeln

1 kg Brokkoli

1 Bund Basilikum

½ Bund Schnittlauch

3 EL Olivenöl

1 ½ l Gemüsebrühe

150 g Sahne

Salz · Pfeffer aus der Mühle

frisch geriebene Muskatnuss

Zubereitung
FÜR 6–8 PERSONEN

1 Den Knoblauch schälen. Zwei Zehen in feine Würfel, den Rest in feine Scheiben schneiden. Die Frühlingszwiebeln putzen, waschen und in Ringe schneiden. Den Brokkoli putzen, waschen und in Röschen teilen. Die Stiele schälen und klein schneiden. Basilikum und Schnittlauch waschen und trocken schütteln, die Basilikumblätter abzupfen und die Hälfte fein hacken. Die Schnittlauchhalme halbieren.

2 In einem Topf 2 EL Olivenöl erhitzen und die Frühlingszwiebeln darin andünsten. Die Knob-lauchwürfel, den Brokkoli und das gehackte Basilikum dazugeben und kurz mitdünsten. Brühe dazugießen, aufkochen und bei schwacher Hitze etwa 20 Minuten köcheln lassen.

3 Inzwischen die Knoblauchscheiben im rest-lichen Olivenöl hellbraun anbraten und auf Küchenpapier abtropfen lassen. Die Brokkoli-suppe mit dem Stabmixer fein pürieren, die Sahne dazugeben und die Suppe nochmals auf-mixen. Mit Salz, Pfeffer und Muskatnuss wür-zen. Die Suppe in tiefen Tellern oder Schälchen anrichten und mit Knoblauchscheiben, Schnitt-lauch und übrigem Basilikum anrichten.

Blumenkohlsuppe
mit Petersilie und Sahne

Zutaten

1 Blumenkohl (ca. 750 g)

1 Zwiebel

1 EL Olivenöl

2 EL gehackte Petersilie

¾ l Gemüsebrühe

½ unbehandelte Orange

200 g Sahne

Salz · Pfeffer aus der Mühle

frisch geriebene Muskatnuss

2 EL Crème fraîche

Zubereitung
FÜR 4 PERSONEN

1 Den Blumenkohl putzen, waschen und in Röschen teilen. Die Zwiebel schälen und in feine
Würfel schneiden.

2 Das Olivenöl in einem Topf erhitzen, den Blumenkohl und die Zwiebelwürfel darin unter
Rühren andünsten. 1 EL Petersilie untermischen, die Brühe dazugießen, aufkochen und
die Suppe bei schwacher Hitze etwa 20 Minuten köcheln lassen.

3 Die Orange heiß waschen, trocken reiben und
mit dem Zestenreißer von der Schale 1 EL feine
Streifen abziehen. Die Orange auspressen. Die
Blumenkohlsuppe mit dem Stabmixer fein pürieren, die Sahne unterrühren und die Suppe
nochmals aufkochen lassen. Mit Salz, Pfeffer,
Muskatnuss und Orangensaft abschmecken.

4 Die Blumenkohlsuppe in tiefen Tellern oder
Schälchen anrichten, je 1 Klecks Crème fraîche
daraufsetzen und mit den Orangenzesten und
der restlichen Petersilie bestreuen.

Tomaten-Kokos-Suppe
mit Garnelentalern

Exotik zum Löffeln: Die scharfe Kokossuppe mit feiner
Tomatennote macht Appetit auf einen Urlaub im fernen Süden

Zutaten

2 Stängel Zitronengras

2 rote Chilischoten

400 g Dosentomaten

400 ml Kokosmilch

200 ml Gemüsebrühe

Salz

je 1 Bund Koriander und

Thai-Basilikum

4 Garnelen (küchenfertig)

1 TL Sesamöl

1 EL Sojasauce

4 Scheiben Toastbrot

1 EL Öl

Zubereitung

FÜR 4 PERSONEN

1 Vom Zitronengras die äußeren Blätter und die obere, trockene Hälfte entfernen. Die Stängel waschen, trocken tupfen und mithilfe einer Pfanne etwas flach klopfen. Die Chilischoten längs halbieren, entkernen, waschen und in feine Würfel schneiden.

2 Dosentomaten, Zitronengras und Chiliwürfel mit der Kokosmilch und der Brühe in einem Topf aufkochen und etwa 15 Minuten köcheln lassen. Mit Salz abschmecken.

3 Die Kräuter waschen und trocken schütteln, die Blätter abzupfen und die Hälfte fein hacken, die restlichen Blätter für die Deko beiseitelegen.

4 Die Garnelen waschen, trocken tupfen und fein hacken. Mit den gehackten Kräutern mischen, mit Sesamöl und Sojasauce würzen. Aus den Toastbrotscheiben kleine runde Taler ausstechen und die Garnelenmasse daraufgeben. Das Öl in einer Pfanne erhitzen und die Garnelentaler darin auf beiden Seiten 2 Minuten braten.

5 Das Zitronengras aus der Suppe entfernen und die Tomaten-Kokos-Suppe nach Belieben mit dem Stabmixer fein pürieren. Die Suppe in tiefen Tellern oder Schälchen anrichten, mit den restlichen Kräuterblättern und nach Belieben etwas Kokosmilch garnieren und mit den Garnelentalern servieren.

Tipp

Die Tomaten-Kokos-Suppe eignet sich auch gut für ein Fingerfood-Büfett: Dafür die Suppe abkühlen lassen und kalt in kleine Gläser oder Cappuccino-tassen füllen.

Kalte Avocadocremesuppe
mit Garnelenspieß

*Erfrischung gefällig? Mit dieser Variante der Gazpacho bereiten
Sie Ihren Gästen an heißen Sommertagen eine (kulinarische) Freude*

Zutaten

4 Riesengarnelen

2 Tomaten

½ Salatgurke

2 Avocados

1 Knoblauchzehe

600 ml kalte Hühnerbrühe

200 ml Kokosmilch

Saft von 2 Limetten

Salz · Pfeffer aus der Mühle

Cayennepfeffer

1 EL Olivenöl

Korianderblätter für die Deko

Zubereitung

FÜR 4 PERSONEN

1 Die Garnelen bis auf das Schwanzstück schälen, am Rücken entlang einschneiden und den dunklen Darm entfernen. Die Garnelen waschen und trocken tupfen.

2 Die Tomaten überbrühen, häuten, vierteln, entkernen und in kleine Würfel schneiden. Die Gurke schälen, längs halbieren, entkernen und ebenfalls in kleine Würfel schneiden. Die Avocados halbieren und den Kern entfernen. Die Avocadohälften schälen und grob zerkleinern. Den Knoblauch schälen und grob hacken.

3 Die Avocados mit dem Knoblauch, der Brühe, der Kokosmilch und dem Limettensaft im Küchenmixer pürieren. Die kalte Avocadosuppe mit Salz, Pfeffer und Cayennepfeffer pikant abschmecken.

4 Die Garnelen jeweils auf einen Holzspieß stecken und mit Salz und Pfeffer würzen. Das Olivenöl in einer Pfanne erhitzen und die Garnelenspieße darin rundum etwa 2 Minuten braten.

5 Die Avocadosuppe in tiefen Tellern oder Schälchen anrichten und die Tomaten- und Gurkenwürfel darüberstreuen. Mit den Garnelenspießen und Korianderblättern garnieren.

Tipp

Statt der Garnelenspieße können Sie auch Hähnchenspieße dazu servieren. Dafür 1 Hähnchenbrustfilet längs in 4 Streifen schneiden, diese auf Spieße stecken, salzen, pfeffern und im Öl rundum braten.

Spinatsuppe
mit Kräutern und Croûtons

Zutaten

100 g junger Blattspinat · Salz

100 g gemischte Kräuter

(z. B. Kerbel, Dill, Petersilie,

Bärlauch, Sauerampfer)

1 mehlig kochende Kartoffel

(ca. 100 g)

2 Schalotten · 2 EL Butter

1 l Hühnerbrühe · 100 g Sahne

2 Scheiben Toastbrot (vom Vortag)

1 Knoblauchzehe (in Scheiben)

2 EL kalte Butter

Cayennepfeffer

frisch geriebene Muskatnuss

Zubereitung
FÜR 4 PERSONEN

1 Den Spinat verlesen, waschen und abtropfen lassen. In kochendem Salzwasser blanchieren, abgießen, kalt abschrecken, gut ausdrücken und klein hacken. Die Kräuter waschen und trocken schütteln, die Blätter bzw. Spitzen abzupfen und hacken.

2 Die Kartoffel schälen, waschen und fein reiben. Die Schalotten schälen und in feine Würfel schneiden. In einem Topf 1 EL Butter erhitzen, die Schalottenwürfel darin andünsten. Brühe dazugießen und die Kartoffel hinzufügen.

3 Alles bei schwacher Hitze etwa 15 Minuten köcheln lassen. Dann die Sahne dazugeben und die Suppe mit dem Stabmixer fein pürieren.

4 Das Toastbrot entrinden, in kleine Würfel schneiden und in der restlichen Butter goldbraun braten. Auf Küchenpapier abtropfen lassen.

5 Kurz vor dem Servieren Spinat, Kräuter, Knoblauch und die kalte Butter mit dem Stabmixer unter die Suppe schlagen. Die Spinatsuppe mit Salz, Cayennepfeffer und Muskatnuss abschmecken und in tiefen Tellern oder Schälchen mit den Croûtons anrichten.

Erbsensuppe
mit Koriander und Garnelen

Zutaten

12 Riesengarnelen

2 Knoblauchzehen · Salz

1 rote Chilischote

4 EL Olivenöl

100 g Lauch (nur das Grün)

1,2 l Gemüsebrühe

200 ml Kokosmilch

300 g Erbsen (tiefgekühlt)

2 EL gehackter Koriander

Pfeffer aus der Mühle

frisch geriebene Muskatnuss

1 EL Zitronensaft

Korianderblätter für die Deko

Zubereitung

FÜR 6 PERSONEN

1 Die Garnelen schälen, am Rücken entlang einschneiden und den dunklen Darm entfernen. Die Garnelen waschen, trocken tupfen und längs so weit einschneiden, dass sie sich auseinanderklappen lassen.

2 Den Knoblauch schälen, in feine Würfel schneiden und mit etwas Salz zerdrücken. Die Chilischote längs halbieren, entkernen, waschen und in feine Würfel schneiden. Mit 2 EL Olivenöl, Knoblauch und Garnelen mischen, die Garnelen einige Stunden durchziehen lassen.

3 Lauch putzen, waschen, in feine Ringe schneiden und im restlichen Olivenöl andünsten. Die Brühe dazugießen und aufkochen lassen. Die Kokosmilch dazugeben und alles etwa 10 Minuten köcheln lassen. Die Erbsen hinzufügen und die Suppe weitere 10 Minuten köcheln lassen.

4 Den Koriander einrühren, die Suppe mit dem Stabmixer fein pürieren und mit Salz, Pfeffer, Muskatnuss und Zitronensaft abschmecken. Die Garnelen in einer Pfanne auf beiden Seiten glasig braten und leicht salzen. Erbsensuppe mit den Garnelen in tiefen Tellern oder Schälchen anrichten und mit Koriander garnieren.

Bouillabaisse

mit Rouille-Tomaten

*Eine beispiellose Karriere: Die französische Fischsuppe hat
den Aufstieg vom Armeleuteessen zum Edelschmaus geschafft*

Zutaten

Für die Suppe:

2 kg Fische (küchenfertig;
z.B. Loup de Mer, Knurrhahn,
Dorade, Seeteufel)

6–8 Riesengarnelen (küchenfertig; bis auf das Schwanzstück geschält)

1 l trockener Weißwein

Salz · 1 Bund Suppengemüse

3 Zwiebeln · 4 Tomaten

2 Lorbeerblätter

je 1 TL schwarze Pfefferkörner
und Fenchelsamen

Pfeffer aus der Mühle

15 Safranfäden

2 Fenchelknollen

3 EL Olivenöl

1 EL Pernod (franz. Anis-
schnaps) · Saft von 1 Zitrone

Für die Rouille-Tomaten:

1 Knoblauchzehe

3 EL Mayonnaise

1 Msp. gemahlener Safran

1 Msp. Paprikapulver (edelsüß)

12 große Cocktailtomaten

Zubereitung

1 Die Fische waschen und trocken tupfen. Die Filets von den
Gräten lösen, die Fischköpfe (ohne Kiemen) und Gräten in
Stücke schneiden. Die Garnelen waschen und trocken tupfen.

2 Für den Sud 3 l Wasser mit dem Wein und etwas Salz zum
Kochen bringen. Das Suppengemüse und die Zwiebeln putzen,
waschen bzw. schälen und klein schneiden. Das Gemüse in
den Sud geben.

3 Die Tomaten waschen und halbieren, dabei die Stielansätze
entfernen. Mit Lorbeerblättern, Pfefferkörnern und Fenchelsamen zerdrücken und in den Sud geben. Alles etwa 15 Minuten köcheln lassen. Die Fischköpfe und -gräten dazugeben,
den Sud weitere 20 Minuten köcheln lassen. Dann portionsweise durch ein feines Sieb gießen und mit Salz und Pfeffer
würzen. Die Safranfäden in den Fischfond geben.

4 Den Fenchel putzen, waschen, halbieren und den harten
Strunk entfernen. Knollenhälften in dünne Scheiben schneiden. Das Olivenöl in einem Topf erhitzen und den Fenchel
darin anbraten. Den Fond dazugießen und bei schwacher
Hitze 15 Minuten köcheln lassen.

5 Die Fischfilets in mundgerechte Stücke schneiden, mit den Garnelen in die Suppe geben und etwa 4 Minuten ziehen lassen.
Die Bouillabaisse mit Pernod und Zitronensaft abschmecken.

6 Für die Rouille-Tomaten den Knoblauch schälen und durch die
Presse in die Mayonnaise drücken. Safran und Paprikapulver
unterrühren. Die Cocktailtomaten waschen und jeweils einen
Deckel abschneiden. Die Tomaten entkernen und die Rouille
in die Tomaten füllen.

7 Die Bouillabaisse in tiefen Tellern oder Schälchen anrichten
und die Rouille-Tomaten hineinsetzen. Nach Belieben mit
Thymian garnieren und Baguette dazu reichen.

Hummer-Minestrone
mit Muschelnudeln

*Liebe geht durch den Magen: Dieses Süppchen de luxe
ist der ideale Auftakt für ein romantisches Candle-Light-Diner*

Zutaten

je ½ Bund Petersilie und Dill

1 Lorbeerblatt · Zucker

1 lebender Hummer

(ca. 600 g; oder gegartes,

ausgelöstes Fleisch von

1 Hummer; z.B. über das

Internet zu beziehen)

1 Schalotte

1 kleine Möhre (ca. 50 g)

40 g Knollensellerie

40 g Lauch

2 Wirsingblätter

1 Tomate

80–100 g Conchiglie

(kleine Muschelnudeln)

Salz · 1 EL Olivenöl

½ l Hummerfond

(aus dem Glas)

Pfeffer aus der Mühle

Zubereitung

FÜR 2 PERSONEN

1 Die Kräuter waschen und mit dem Lorbeerblatt, etwas Zucker und reichlich Wasser in einen großen Topf geben. Aufkochen und den Sud bei schwacher Hitze 10 Minuten köcheln lassen. Dann den Sud sprudelnd aufkochen und den Hummer mit dem Kopf voran hineingeben. Einmal aufkochen lassen, den Topf vom Herd nehmen und den Hummer zugedeckt etwa 8 Minuten gar ziehen lassen.

2 Den Hummer mit dem Schaumlöffel herausnehmen und abtropfen lassen. Den Schwanz und die Scheren herausdrehen. Die Scheren mit einem schweren Messer aufklopfen oder mit einer Schere aufschneiden und das Fleisch behutsam herausziehen. Den Panzer des Schwanzes der Länge nach mit einem Messer oder einer Schere öffnen. Das Fleisch herausholen, längs einschneiden und den dunklen Darm entfernen. Das Hummerfleisch in mundgerechte Stücke schneiden.

3 Die Schalotte schälen und in feine Würfel schneiden. Die Möhre und den Sellerie putzen, schälen und in kleine Würfel schneiden. Den Lauch und den Wirsing waschen und in kleine Würfel bzw. feine Streifen schneiden. Die Tomate überbrühen, häuten, vierteln, entkernen und in kleine Würfel schneiden.

4 Die Nudeln in reichlich kochendem Salzwasser sehr bissfest garen. In ein Sieb abgießen und abtropfen lassen.

5 Inzwischen das Olivenöl in einem Topf erhitzen und das Gemüse – bis auf die Tomate – darin andünsten. Den Fond dazugießen, aufkochen und bei schwacher Hitze etwa 5 Minuten köcheln lassen.

6 Das Hummerfleisch mit den Tomatenwürfeln und den Nudeln in den Fond geben. Etwa 2 Minuten ziehen lassen. Die Hummer-Minestrone mit Salz und Pfeffer würzen und in tiefen Tellern oder Schälchen anrichten.

Klassische Eintöpfe

Bohneneintopf
mit Nudeln und Aprikosen

Aus dem Vollen schöpfen: In diesem Rezept sind von pikant
über fruchtig bis exotisch zahlreiche Aromen gekonnt vereint

Zutaten

100 g Schalotten

2 Knoblauchzehen

1–2 rote Chilischoten

150 g Möhren

150 g Staudensellerie

(mit Grün)

500 g grüne Bohnen

80 g getrocknete Aprikosen

500 g Tomaten

100 g reisförmige Nudeln

(z. B. Puntalette, Risoni)

Salz

3 EL Olivenöl

1/2 EL Currypulver

2 TL Tomatenmark

1,2 l Gemüsebrühe

1 Zimtstange

5 EL trockener Sherry

Olivenöl zum Beträufeln

Zubereitung

FÜR 4 PERSONEN

1 Die Schalotten und den Knoblauch schälen und in feine Scheiben schneiden. Die Chilischoten längs halbieren, entkernen, waschen und quer in feine Streifen schneiden.

2 Die Möhren putzen, schälen und in Scheiben schneiden. Den Sellerie putzen und waschen, das Grün beiseitelegen. Die Selleriestangen ebenfalls in Scheiben schneiden. Die Bohnen putzen, waschen und quer halbieren. Die Aprikosen in grobe Stücke schneiden. Die Tomaten überbrühen, häuten, vierteln und entkernen. Die Viertel nochmals halbieren.

3 Die Nudeln nach Packungsanweisung in reichlich kochendem Salzwasser bissfest garen. In ein Sieb abgießen, kalt abbrausen und gut abtropfen lassen.

4 Das Olivenöl in einem Topf erhitzen, Schalotten- und Knoblauchscheiben darin andünsten. Die Chilis, das Currypulver und das Tomatenmark unterrühren und 1 Minute mitdünsten. Die Brühe und den Zimt hinzufügen und alles aufkochen lassen. Möhren, Sellerie, Bohnen und Aprikosen dazugeben und den Eintopf bei mittlerer Hitze 15 bis 20 Minuten köcheln lassen. Nach 10 Minuten die Tomaten dazugeben.

5 Das Selleriegrün nach Belieben grob hacken und mit den Reisnudeln kurz vor Ende der Garzeit zum Eintopf geben. Den Bohneneintopf mit Salz und Sherry abschmecken, in tiefen Tellern oder Schälchen anrichten und mit Olivenöl beträufeln.

Spinat-Gersten-Eintopf
mit Wurzelgemüse

*Nicht nur für Körnerfans: Wer eine Abwechslung zu Nudeln & Co.
als Suppeneinlage sucht, wird von diesem Gericht begeistert sein*

Zutaten

150 g Gerste (siehe Tipp)

1 Lorbeerblatt

1/2 TL getrockneter Thymian

Salz

500 g Wurzelgemüse

(z. B. Möhren, Petersilien-

wurzeln, Knollensellerie)

250 g Blattspinat

2 EL Olivenöl

1 l Gemüsebrühe

Sojasauce

Cayennepfeffer

frisch geriebene Muskatnuss

1 Handvoll gemischte

Kräuterblätter (z. B. Basilikum

und Petersilie)

1 EL Schnittlauchröllchen

Zubereitung
FÜR 4 PERSONEN

1 Am Vortag die Gerste in einem Topf in 400 ml kaltem Wasser über Nacht einweichen.

2 Am nächsten Tag das Lorbeerblatt und den Thymian dazugeben, aufkochen und die Gerste etwa 50 Minuten köcheln lassen, bis die Körner aufzuspringen beginnen. Vom Herd nehmen, mit Salz würzen und ausquellen lassen.

3 Das Wurzelgemüse putzen, schälen und in kleine Würfel schneiden. Den Spinat verlesen, waschen und abtropfen lassen, grobe Stiele entfernen. Den Spinat in kochendem Salzwasser kurz blanchieren, abgießen, kalt abschrecken und gut ausdrücken. Den Spinat grob hacken.

4 Das Olivenöl in einem Topf erhitzen und das Wurzelgemüse darin andünsten. Die Brühe dazugießen und zugedeckt etwa 15 Minuten köcheln lassen.

5 Dann den Spinat und die Gerste dazugeben, kurz ziehen lassen und den Eintopf mit Sojasauce, Cayennepfeffer und Muskatnuss abschmecken. Die Kräuterblätter waschen, trocken tupfen und nach Belieben hacken. Den Spinat-Gersten-Eintopf in tiefen Tellern oder Schälchen anrichten. Mit den Kräuterblättern und dem Schnittlauch garnieren.

Tipp

Gerste erhalten Sie in Bioläden oder im Reformhaus. Die Körner eignen sich neben Suppen- oder Eintopfeinlage auch für Salate, Aufläufe und als Beilage zu kurz gebratenem Fleisch mit Sauce.

Gemüseeintopf
mit Speck und Petersilie

Zutaten

2 Stangen Lauch

1 Möhre

400 g Knollensellerie

400 g festkochende Kartoffeln

8 Scheiben durchwachsener

Räucherspeck

1 Zweig Rosmarin

800 ml Gemüse- oder

Hühnerbrühe

Salz · Pfeffer aus der Mühle

frisch geriebene Muskatnuss

2 EL gehackte Petersilie

Zubereitung
FÜR 4 PERSONEN

1 Den Lauch putzen, waschen und in Ringe schneiden. Die Möhre und den Sellerie putzen und schälen. Möhre längs halbieren und in Scheiben schneiden, Sellerie in kleine Würfel schneiden. Die Kartoffeln schälen, waschen und ebenfalls in kleine Würfel schneiden.

2 Die Speckscheiben quer halbieren und in einem Topf ohne Fett anbraten. Das Gemüse dazugeben und andünsten. Den Rosmarin waschen, trocken tupfen und mit der Brühe hinzufügen. Den Gemüseeintopf zugedeckt bei schwacher Hitze 20 bis 30 Minuten köcheln lassen.

3 Den Gemüseeintopf mit Salz, Pfeffer und Muskatnuss abschmecken, in tiefen Tellern oder Schälchen anrichten und mit der Petersilie bestreuen. Dazu schmeckt frisches Bauernbrot.

Spargeleintopf
mit Parmesanklößchen

Zutaten

Für die Klößchen:

3 EL Butter · 1 Ei · Salz

frisch geriebene Muskatnuss

2 EL Grieß

2 EL geriebener Parmesan

Für den Eintopf:

750 g weißer Spargel · 1 Bund

Frühlingszwiebeln · 400 g Möhren

1 Zwiebel · 1 EL Butter

1 EL Tomatenmark

800 ml Gemüsebrühe · Salz

Pfeffer aus der Mühle · Zucker

75 g getrocknete Tomaten (in Öl)

1 EL gehackte Petersilie

Zubereitung

FÜR 4 PERSONEN

1 Für die Klößchen die Butter zerlassen, abkühlen lassen und mit Ei, Salz und Muskatnuss verquirlen. Grieß und Käse mischen und unterrühren. Die Masse 5 Minuten quellen lassen, dann mit zwei angefeuchteten Teelöffeln Nocken abstechen und in leicht kochendem Salzwasser etwa 15 Minuten gar ziehen lassen.

2 Für den Eintopf den Spargel schälen und die holzigen Enden abschneiden. Die Stangen quer dritteln. Die Frühlingszwiebeln und Möhren putzen, waschen bzw. schälen, längs vierteln und in 6 bis 7 cm lange Stücke schneiden. Die Zwiebel schälen und in feine Würfel schneiden.

3 Die Butter in einem Topf erhitzen und die Zwiebelwürfel darin andünsten. Tomatenmark unterrühren und kurz mitdünsten. Möhren dazugeben und 3 Minuten mitdünsten. Die Brühe dazugießen und mit Salz, Pfeffer und Zucker würzen. Getrocknete Tomaten in Stücke schneiden und mit Spargel und Frühlingszwiebeln zur Brühe geben. Den Eintopf etwa 10 Minuten köcheln lassen, nochmals abschmecken und die Petersilie untermischen. Die Parmesanklößchen in dem Eintopf noch kurz erwärmen.

Bauerneintopf
mit Rindfleisch

Deftiges für den Familientisch: Dieser bunte Eintopf
macht Ihre Liebsten nicht nur satt, sondern auch glücklich

Zutaten

4 Zwiebeln

1 Bund Suppengemüse

1 kg Suppenfleisch
(vom Rind)

2–3 Stiele Liebstöckel

1/2 TL schwarze Pfefferkörner

6 Pimentkörner

2 Lorbeerblätter

150 g Gabelspaghetti · Salz

2 Möhren

1/4 Sellerieknolle

400 g festkochende Kartoffeln

2 EL Butter

Pfeffer aus der Mühle

1 Bund Schnittlauch

Zubereitung
FÜR 6 PERSONEN

1 Zwei Zwiebeln ungeschält halbieren. Das Suppengemüse putzen, waschen bzw. schälen und in Stücke schneiden. Das Fleisch in einem Topf mit 2 l kaltem Wasser bedecken und aufkochen lassen, dabei den entstehenden Schaum abschöpfen.

2 Liebstöckel waschen und trocken tupfen. Mit den halbierten Zwiebeln, dem Suppengemüse, Pfeffer- und Pimentkörnern sowie Lorbeerblättern in den Topf geben. Den Deckel so auf den Topf legen, dass ein Spalt offen bleibt, und alles bei schwacher Hitze etwa 2 1/2 Stunden köcheln lassen.

3 Die Nudeln nach Packungsanweisung in reichlich kochendem Salzwasser bissfest garen, in ein Sieb abgießen, kalt abschrecken und abtropfen lassen.

4 Inzwischen die Möhren und den Sellerie putzen und schälen, die Kartoffeln schälen und waschen. Möhren in Scheiben, Sellerie in kleine Stücke und Kartoffeln in Würfel schneiden.

5 Die restlichen Zwiebeln schälen und in feine Ringe schneiden. Die Butter in einer Pfanne erhitzen und die Zwiebelringe darin goldbraun braten. Mit Salz und Pfeffer würzen. Den Schnittlauch waschen, trocken schütteln und in feine Röllchen schneiden.

6 Das Fleisch aus der Brühe nehmen. Die Suppe vorsichtig durch ein feines Sieb in einen Topf gießen und mit Salz würzen. 600 g Fleisch in kleine Würfel schneiden (das restliche Fleisch anderweitig verwenden).

7 Die Rinderbrühe mit Möhren, Sellerie und Kartoffeln aufkochen und bei mittlerer Hitze etwa 15 Minuten köcheln lassen. Dann die Nudeln und das Fleisch dazugeben und kurz erwärmen. Den Bauerneintopf mit Salz und Pfeffer abschmecken, in tiefen Tellern oder Schälchen anrichten und mit Zwiebelringen und Schnittlauch bestreuen.

Geflügel-Gemüse-Eintopf
mit Pfifferlingen

Da freut sich die Linie: Wer bei Eintöpfen nur an Omas deftige Küche denkt, wird von dieser leichten Kombi begeistert sein

Zutaten

1 Freilandhuhn (ca. 1,4 kg; küchenfertig)

3 1/2–4 l Gemüsebrühe

1 Möhre

1 Petersilienwurzel

200 g Knollensellerie

1 dünne Stange Lauch

1/2 Zwiebel

1 Lorbeerblatt

1/2 TL Pimentkörner

1 TL schwarze Pfefferkörner

200 g kleine Pfifferlinge

1 EL Öl

Salz · Pfeffer aus der Mühle

Cayennepfeffer

frisch geriebene Muskatnuss

2 EL Schnittlauchröllchen

Zubereitung
FÜR 4–6 PERSONEN

1 Das Huhn innen und außen waschen und trocken tupfen. Das Huhn in einen großen Topf geben und so viel Brühe angießen, dass es gut bedeckt ist. Langsam zum Kochen bringen und das Huhn bei schwacher Hitze etwa 1 1/2 Stunden garen, dabei den aufsteigenden Schaum abschöpfen.

2 Die Möhre, die Petersilienwurzel und den Sellerie putzen und schälen, den Lauch putzen und waschen. Die Schnittfläche der ungeschälten Zwiebelhälfte mit Alufolie bedecken und in einer unbeschichteten Pfanne ohne Fett dunkel rösten. Die Alufolie entfernen und die Zwiebelhälfte mit Lorbeerblatt, Piment- und Pfefferkörnern, Möhre, Petersilienwurzel, Sellerie und Lauch nach etwa 45 Minuten Garzeit zum Huhn geben.

3 Das Huhn aus der Brühe heben, das Fleisch auslösen und von Haut und Knochen befreien. Die Brühe durch ein feines Sieb gießen und für die Suppe 1 1/2 l abmessen (die restliche Brühe anderweitig verwenden oder einfrieren).

4 Das Fleisch in mundgerechte Stücke, die Möhre, die Petersilienwurzel und den Sellerie jeweils in etwa 1 1/2 cm große Stücke schneiden. Die Pfifferlinge putzen und trocken abreiben, größere Pilze eventuell klein schneiden. Das Öl in einer Pfanne erhitzen und die Pilze darin kurz anbraten. Mit Salz und Pfeffer würzen und auf Küchenpapier abtropfen lassen.

5 Die abgemessene Brühe in einem Topf erhitzen und mit Salz, 1 Prise Cayennepfeffer und Muskatnuss abschmecken. Das Hühnerfleisch und das Gemüse in der Brühe erwärmen und die Pfifferlinge dazugeben. Den Geflügel-Gemüse-Eintopf in tiefen Tellern oder Schälchen anrichten und mit dem Schnittlauch bestreuen.

Erbsen-Kartoffel-Eintopf
mit Speck und Sellerie

Zutaten

500 g Erbsen (tiefgekühlt)

1 kleine Stange Lauch

1 kleine Sellerieknolle (mit Grün)

4 große festkochende Kartoffeln

1 Knoblauchzehe · 2 EL Butter

2 Zweige Thymian (gewaschen)

½ l Gemüsebrühe

300 ml Rinderbrühe

2 Lorbeerblätter

3 Wacholderbeeren

1 EL schwarze Pfefferkörner

200 g Frühstücksspeck

(in dünnen Scheiben)

Salz · Pfeffer aus der Mühle

Zubereitung
FÜR 4 PERSONEN

1 Die Erbsen auf einem Sieb auftauen und abtropfen lassen. Den Lauch putzen, waschen, längs halbieren und quer in Streifen schneiden. Den Sellerie putzen, schälen und in kleine Würfel schneiden. Das Selleriegrün waschen, trocken schütteln, fein hacken und beiseitestellen. Die Kartoffeln schälen, waschen und in mundgerechte Stücke schneiden. Den Knoblauch schälen und in feine Würfel schneiden.

2 Die Butter in einem großen Topf erhitzen und das Gemüse – bis auf das Selleriegrün und die Erbsen – mit den Thymianzweigen darin andünsten. Die beiden Brühen dazugießen, die Gewürze in ein Gewürzsäckchen füllen und dazugeben. Den Eintopf zugedeckt bei mittlerer Hitze etwa 25 Minuten köcheln lassen.

3 Inzwischen den Speck klein schneiden. Die Erbsen, die Hälfte des Selleriegrüns und den Speck zum Eintopf geben und weitere 10 Minuten garen. Das Gewürzsäckchen und die Thymianzweige entfernen und den Erbsen-Kartoffel-Eintopf mit Salz und Pfeffer abschmecken. In tiefen Tellern oder Schälchen anrichten und mit dem restlichen Selleriegrün bestreuen.

Kartoffeleintopf
mit Paprika und Wirsing

Zutaten

1 rote Paprikaschote

500 g festkochende Kartoffeln

½ Wirsing

Salz

je 1 Zwiebel und Knoblauchzehe

150 g durchwachsener
Räucherspeck (am Stück)

2 EL Olivenöl

1 EL gehackter Rosmarin

1 l Gemüsebrühe

Pfeffer aus der Mühle

8 Scheiben Baguette (getoastet)

Zubereitung
FÜR 4 PERSONEN

1 Die Paprika längs halbieren, entkernen und waschen. Auf ein Backblech legen und unter dem heißen Backofengrill bräunen, bis die Haut Blasen wirft. Die Paprika häuten und in Stücke schneiden. Die Kartoffeln schälen, waschen und in 1 cm große Würfel schneiden.

2 Wirsing putzen und die äußeren Blätter entfernen. Wirsing vierteln, den Strunk entfernen und den Wirsing in Streifen schneiden. In kochendem Salzwasser 2 Minuten blanchieren, abgießen, kalt abschrecken und abtropfen lassen.

3 Die Zwiebel und den Knoblauch schälen und in feine Würfel schneiden. Den Speck in kleine Würfel schneiden. Zwiebel und Speck im Öl andünsten. Knoblauch, Rosmarin und Kartoffeln dazugeben und kurz mitdünsten. Die Brühe dazugießen, aufkochen und 20 Minuten köcheln lassen. 2 bis 3 EL Kartoffeln herausnehmen, zerdrücken und unter den Eintopf rühren.

4 Den Wirsing dazugeben und den Eintopf bei schwacher Hitze weitere 10 Minuten garen. Zum Schluss die Paprikastücke hinzufügen und den Kartoffeleintopf mit Salz und Pfeffer würzen. Mit den Baguettescheiben servieren.

Bohneneintopf
mit Kräuter-Hackbällchen

Gelungene Einlage: Die Fleischbällchen mit Kräuteraroma
verwandeln die simple Bohnensuppe in eine rustikale Köstlichkeit

Zutaten

2 Zwiebeln

250 g grüne Bohnen

1–2 Möhren

250 g festkochende Kartoffeln

1 Zweig Rosmarin

1 Stiel Liebstöckel

2 EL Öl · ½ l Gemüsebrühe

250 g Dosentomaten

Salz · Pfeffer aus der Mühle

100 g Saubohnenkerne

(tiefgekühlt)

500 g gemischtes Hackfleisch

2 Eier · 3–4 EL Paniermehl

2 EL gehackte gemischte

Kräuter (z. B. Basilikum,

Petersilie, Majoran)

1 EL Senf

Zubereitung
FÜR 4 PERSONEN

1 Die Zwiebeln schälen, 1 Zwiebel in feine Würfel, die zweite Zwiebel in Streifen schneiden. Die Bohnen putzen, waschen und quer halbieren. Die Möhren putzen, schälen und in kleine Würfel schneiden. Die Kartoffeln schälen, waschen und in etwa 1 cm dicke Stifte schneiden. Rosmarin und Liebstöckel waschen und trocken tupfen.

2 Das Öl in einem Topf erhitzen und die Zwiebelstreifen darin andünsten. Die Bohnen, die Möhren und die Kartoffeln dazugeben und kurz mitdünsten. Die Brühe dazugießen und die Tomaten, den Rosmarin und den Liebstöckel dazugeben. Mit Salz und Pfeffer würzen und den Bohneneintopf zugedeckt bei mittlerer Hitze 20 bis 25 Minuten köcheln lassen. Nach etwa 15 Minuten die Saubohnenkerne dazugeben.

3 Inzwischen das Hackfleisch mit den Zwiebelwürfeln, den Eiern, dem Paniermehl, den gehackten Kräutern und Senf gut verkneten und mit Salz und Pfeffer pikant abschmecken. Aus der Hackmasse mit angefeuchteten Händen 20 Bällchen formen und diese in kochendem Salzwasser 8 bis 10 Minuten garen. Herausnehmen und abtropfen lassen.

4 Rosmarin und Liebstöckel aus dem Eintopf entfernen. Den Bohneneintopf in tiefen Tellern oder Schälchen anrichten und die Kräuter-Hackbällchen hineinsetzen. Nach Belieben mit geriebenem Parmesan bestreuen und mit Petersilie garnieren.

Tipp

Fischfans können statt der Hackbällchen gedünstetes oder gebratenes festfleischiges Fischfilet (z. B. Seeteufel oder Schwertfisch) oder gebratene Garnelen zu dem Bohneneintopf servieren.

Hackfleischeintopf
mit dreierlei Bohnen

Zutaten

je 100 g Kidneybohnen, weiße
Limabohnen und schwarze
Bohnen (alle getrocknet)
2 Zwiebeln · 3 Knoblauchzehen
1 grüne Paprikaschote
2 rote Chilischoten
100 g durchwachsener
Räucherspeck (am Stück)
2 EL Öl · 300 g Rinderhackfleisch
Salz · Pfeffer aus der Mühle
1,2 l Rinderbrühe
750 g stückige Tomaten
(aus der Dose)
1 EL Chilipulver

Zubereitung
FÜR 4–6 PERSONEN

1 Am Vortag die Bohnen in einer Schüssel mischen, mit kaltem Wasser übergießen und über Nacht einweichen.

2 Am nächsten Tag die Zwiebeln und den Knoblauch schälen und in feine Würfel schneiden. Die Paprika und die Chilischoten längs halbieren, entkernen und waschen. Die Paprika in kleine Würfel, die Chilis in feine Würfel schneiden. Speck ebenfalls in kleine Würfel schneiden. Das Öl in einem Topf erhitzen, die Zwiebeln und den Knoblauch darin andünsten.

3 Das Hackfleisch dazugeben und bei starker Hitze unter Rühren krümelig braten. Mit Salz und Pfeffer würzen. Die Paprika, die Chilis und den Speck dazugeben und kurz mitbraten.

4 Die Bohnen in ein Sieb abgießen und mit der Brühe zum Hackfleisch geben. Die Tomaten mit einer Gabel zerdrücken und dazugeben. Den Hackfleischeintopf mit Chilipulver würzen und zugedeckt bei schwacher Hitze 30 bis 40 Minuten köcheln lassen. Falls nötig, noch etwas Brühe angießen und den Eintopf nochmals abschmecken. In tiefen Tellern oder Schälchen anrichten. Dazu passt Baguette.

Borschtsch
mit Rindfleisch und Kohl

Zutaten

3 Zwiebeln

1 Bund Suppengemüse

650 g Suppenfleisch (vom Rind)

Salz · 1 TL schwarze Pfefferkörner

1 TL Wacholderbeeren

1 Lorbeerblatt · 1 Knoblauchzehe

1 EL Butter · 200 g Knollensellerie (in groben Raspeln)

800 g Rote Beten (in kleinen
Würfeln) · 3 EL Essig

Zucker · Pfeffer aus der Mühle

250 g Weißkohl

(in feinen Streifen)

1 EL gehackter Dill

Zubereitung

FÜR 4–6 PERSONEN

1 Eine Zwiebel schälen und halbieren. Suppengemüse putzen, waschen bzw. schälen und in
Stücke schneiden. Gemüse, Fleisch, 1 TL Salz
und restliche Gewürze in einen Topf geben,
1 1/2 l Wasser hinzufügen, aufkochen und bei
schwacher Hitze 1 1/2 Stunden köcheln lassen.
Dabei den aufsteigenden Schaum abnehmen.

2 Restliche Zwiebeln und Knoblauch schälen und
fein würfeln. Fleisch aus der Brühe nehmen,
von Fett und Sehnen befreien und in Würfel
schneiden. Brühe durch ein Sieb gießen.

3 Die Butter in einem Topf erhitzen, Zwiebeln und
Knoblauch darin andünsten. Sellerie und Rote
Beten dazugeben und 3 Minuten mitdünsten.
So viel Brühe dazugießen, dass das Gemüse
bedeckt ist, den Essig hinzufügen und alles mit
1 Prise Zucker, Salz und Pfeffer würzen. Bei
schwacher Hitze 50 Minuten köcheln lassen.

4 Den Weißkohl dazugeben, erneut so viel Brühe
angießen, bis alles bedeckt ist, und den Eintopf weitere 30 Minuten köcheln lassen. Die
Fleischwürfel untermischen und kurz erhitzen.
Den Borschtsch nochmals abschmecken und
den Dill unterrühren.

Linseneintopf

mit Lyoner und Speck

Herzhafter Oldie: So fantasievoll verpackt, löst der Klassiker aus
Kindheitstagen bei Groß und Klein garantiert Beifallsstürme aus

Zutaten

200 g braune Linsen

1 Zwiebel

1 Möhre

100 g Knollensellerie

1 grüne Paprikaschote

2 festkochende Kartoffeln

2 EL Öl

1 l Rinderbrühe

1 Lorbeerblatt

ca. 250 g Lyoner

100 g durchwachsener
Räucherspeck (am Stück)

Salz · Pfeffer aus der Mühle

1 Spritzer Weißweinessig

4 kleine Brotlaibe
(à ca. 250 g)

Zubereitung

FÜR 4 PERSONEN

1 Die Linsen in einer Schüssel in kaltem Wasser etwa 3 Stunden einweichen.

2 Die Zwiebel schälen und in feine Würfel schneiden. Die Möhre und den Sellerie putzen, schälen und in kleine Würfel schneiden. Die Paprika längs halbieren, entkernen, waschen und in Streifen schneiden. Die Kartoffeln schälen, waschen und in kleine Würfel schneiden.

3 Das Öl in einem Topf erhitzen, Zwiebel, Möhre und Sellerie darin andünsten. Die Paprika und die Kartoffeln dazugeben und 3 bis 4 Minuten mitdünsten. Die Brühe dazugießen. Die eingeweichten Linsen in ein Sieb abgießen und mit dem Lorbeerblatt ebenfalls dazugeben. Den Linseneintopf bei mittlerer Hitze etwa 30 Minuten köcheln lassen.

4 Die Lyoner häuten, längs halbieren und in dünne Scheiben schneiden. Den Speck in kleine Würfel schneiden, mit den Wurstscheiben zum Linseneintopf geben und einige Minuten ziehen lassen. Den Eintopf mit Salz, Pfeffer und Essig abschmecken und das Lorbeerblatt wieder entfernen.

5 Von den Brotlaiben jeweils einen Deckel abschneiden und die Brote aushöhlen (das Innere anderweitig verwenden; siehe Tipp). Den Eintopf in die ausgehöhlten Brote füllen, die Deckel daraufsetzen und den Linseneintopf sofort servieren.

Tipp

Geschickte Resteverwertung: Brotkrumen über Nacht trocknen lassen und zu feinen Bröseln mahlen. Sie können den Linseneintopf auch in tiefen Tellern servieren und frisches Bauernbrot dazu reichen.

Schweinefilet-Eintopf
mit Kartoffeln und Brot

*Raffiniert serviert: Hier bekommen Ihre Gäste die Beilage
in Form eines knusprigen Brotrands gleich mitgeliefert*

Zutaten

250 g Brotbackmischung

für Bauernbrot

1 rote Paprikaschote

1 große Möhre

100 g Knollensellerie

600 g Drillinge (oder andere

kleine festkochende

Kartoffeln)

je 1 Zweig Thymian und

Oregano

2 Knoblauchzehen

800 g Schweinefilet

2 EL Öl

Salz · Pfeffer aus der Mühle

ca. ¾ l Kalbsfond

(aus dem Glas)

Mehl für die Arbeitsfläche

einige Stiele Petersilie

für die Deko

Zubereitung
FÜR 4 PERSONEN

1 Die Brotbackmischung nach Packungsanweisung mit Wasser zu einem mittelfesten Teig verkneten und gehen lassen.

2 Die Paprika längs halbieren, entkernen, waschen und in Stücke schneiden. Die Möhre und den Sellerie putzen, schälen und in kleine Würfel schneiden. Die Kartoffeln gründlich waschen. Die Kräuterzweige waschen und trocken tupfen. Den Knoblauch schälen und halbieren.

3 Den Backofen auf 200 °C vorheizen. Das Schweinefilet von Fett und Sehnen befreien. Das Öl in einem Topf erhitzen und das Fleisch darin rundum scharf anbraten. Mit Salz und Pfeffer würzen. Den Knoblauch dazugeben und kurz mitbraten. Den Fond dazugießen und aufkochen lassen.

4 Die Paprika, die Möhre und den Sellerie untermischen, mit Salz und Pfeffer würzen und alles in ein großes ofenfestes Glasgefäß mit Deckel füllen. Die Kartoffeln mit dazugeben. Den Brotteig auf der bemehlten Arbeitsfläche zu einer Rolle formen und diese auf den Glasrand legen. Den Glasdeckel aufsetzen und leicht andrücken.

5 Die Form in ein tiefes Backblech stellen, 2 bis 3 cm hoch heißes Wasser angießen und den Schweinefilet-Eintopf im Ofen auf der mittleren Schiene 45 bis 60 Minuten garen. Zum Servieren den Deckel abnehmen, den Eintopf nochmals abschmecken und mit Petersilie garnieren.

Tipp

Sie können den Eintopf auch in 4 kleinen ofenfesten Glasgefäßen (z. B. Einmachgläsern) garen. Dafür das Schweinefilet vor dem Anbraten in 4 gleich große Stücke schneiden.

Winzertopf
mit Kartoffeln und Sellerie

Zutaten

2 Schalotten

2 Knoblauchzehen

750 g Suppenfleisch (vom Rind)

1 EL Butter

300 ml trockener Weißwein

$^3/_4$ l Rinderbrühe

3 Gewürznelken · 6 schwarze
Pfefferkörner · 1 Lorbeerblatt

2 Möhren

2 Petersilienwurzeln

100 g Knollensellerie

250 g festkochende Kartoffeln

2 Stangen Staudensellerie

Salz · Pfeffer aus der Mühle

2–3 EL Schnittlauchröllchen

Zubereitung
FÜR 4 PERSONEN

1 Die Schalotten und den Knoblauch schälen, Schalotten in feine Streifen, Knoblauch in feine Würfel schneiden. Das Fleisch von Fett und Sehnen befreien und in 2 bis 3 cm große Würfel schneiden.

2 Die Butter in einem Topf erhitzen, Schalotten und Knoblauch darin andünsten. Das Rindfleisch dazugeben und rundum scharf anbraten. Mit dem Wein ablöschen und die Brühe dazugießen. Gewürznelken, Pfefferkörner und Lorbeerblatt in ein Gewürzsäckchen füllen und dazugeben. Alles bis kurz vor den Siedepunkt erhitzen und zugedeckt bei schwacher Hitze etwa 1 1/2 Stunden köcheln lassen.

3 Inzwischen Möhren, Petersilienwurzeln und Knollensellerie putzen, schälen und in Scheiben bzw. Würfel schneiden. Kartoffeln schälen, waschen und in kleine Würfel schneiden. Den Staudensellerie putzen, waschen und in feine Scheiben schneiden. Das Gemüse zum Fleisch geben und den Winzertopf weitere 15 bis 20 Minuten garen. Das Gewürzsäckchen entfernen, den Winzertopf mit Salz und Pfeffer abschmecken und mit Schnittlauch bestreuen.

Chili con Carne
mit Kidneybohnen

Zutaten

2 Zwiebeln

2 rote Chilischoten

200 g Möhren

2 Stangen Staudensellerie

250 g Kidneybohnen
(aus der Dose)

2 EL Öl

400 g Rinderhackfleisch

Salz · Pfeffer aus der Mühle

Cayennepfeffer

2 Knoblauchzehen

5 EL Tomatenmark

600 ml Gemüsebrühe

Zubereitung

FÜR 4 PERSONEN

1 Die Zwiebeln schälen. Die Chilischoten längs halbieren, entkernen und waschen. Beides in feine Würfel schneiden. Die Möhren putzen und schälen, den Sellerie putzen und waschen. Beides in kleine Würfel schneiden. Die Kidneybohnen in ein Sieb abgießen, kalt abbrausen und gut abtropfen lassen.

2 Das Öl in einem Topf erhitzen, Zwiebel- und Chiliwürfel darin 2 Minuten andünsten. Das Hackfleisch hinzufügen und bei starker Hitze unter Rühren etwa 5 Minuten krümelig braten.

3 Die Möhren und den Sellerie hinzufügen und das Chili mit Salz, Pfeffer und Cayennepfeffer würzen. Den Knoblauch schälen und durch die Presse dazudrücken. Das Tomatenmark unterrühren. Die Brühe dazugießen und alles etwa 10 Minuten köcheln lassen. Dann die Bohnen hinzufügen und kurz erwärmen.

4 Das Chili con Carne mit Salz und Pfeffer abschmecken und in tiefen Tellern oder Schälchen anrichten. Nach Belieben Taco-Chips oder Baguette dazu servieren.

Schweineragout
mit Tomaten und Rotwein

*Gut Ding will Weile haben: Seinen unvergleichlichen Geschmack
hat das Schweineragout der langen Schmorzeit zu verdanken*

Zutaten

800 g Schweinenacken

1 große weiße Zwiebel

3 Knoblauchzehen

1 Stange Staudensellerie

1 Möhre

500 g Tomaten

4 EL Öl

200 ml trockener Rotwein

1 EL Tomatenmark

1 EL ganzer Kümmel

200 ml Rinderbrühe

2 TL Zucker

1 EL gehackte Petersilie

Cayennepfeffer

1 TL Paprikapulver (edelsüß)

Salz · Pfeffer aus der Mühle

Zubereitung
FÜR 4 PERSONEN

1 Das Fleisch in mundgerechte Würfel schneiden. Die Zwiebel und den Knoblauch schälen und in feine Würfel schneiden. Den Sellerie putzen, waschen und in feine Würfel schneiden. Die Möhre putzen, schälen und auf der Gemüsereibe fein raspeln. Die Tomaten überbrühen, häuten, vierteln, entkernen und in kleine Würfel schneiden.

2 Das Öl in einem Bräter erhitzen und das Fleisch darin rundum scharf anbraten. Herausnehmen und beiseitestellen. Die Zwiebel, den Knoblauch, den Sellerie und die Möhre im verbliebenen Bratfett bei mittlerer Hitze andünsten.

3 Das Fleisch wieder dazugeben, nochmals kurz braten und mit dem Wein ablöschen. Die Tomatenwürfel, das Tomatenmark und den Kümmel unterrühren. Die Brühe angießen und das Schweineragout zugedeckt bei schwacher Hitze etwa 2 Stunden köcheln lassen. Falls nötig, noch etwas Wasser oder Brühe dazugeben.

4 15 Minuten vor Ende der Garzeit den Zucker, die Petersilie, etwas Cayennepfeffer und das Paprikapulver unter das Ragout rühren. Kurz vor dem Servieren das Schweineragout mit Salz und Pfeffer abschmecken und in tiefen Tellern oder Schälchen anrichten. Nach Belieben jeweils mit einigen Majoranblättern und 1 Klecks Crème fraîche oder saurer Sahne garnieren.

Tipp

Ideale Begleiter für das Schweineragout sind Semmel- oder Brezenknödel, Kartoffeln oder Baguette. Das Schweineragout schmeckt übrigens aufgewärmt (fast) noch besser.

Lammeintopf

mit Kartoffeln und Bohnen

Hausmannskost vom Feinsten: Bei diesem mit süffigem Gerstensaft
zubereiteten Lammragout werden nicht nur starke Männer schwach

Zutaten

700 g kleine rotschalige
Kartoffeln (z.B. Cherie
oder Desiree)

700 g Lammfleisch
(aus der Schulter)

Salz · Pfeffer aus der Mühle

75 g durchwachsener
Räucherspeck (am Stück)

2 Zwiebeln

1–2 Knoblauchzehen

4 EL Öl

1 EL Tomatenmark

200 ml Bier

200 ml Lammfond
(aus dem Glas)

150 g grüne Bohnen

je 1 EL gehackte Petersilie
und gehackter Thymian

Zubereitung

1 Die Kartoffeln gründlich waschen und in kochendem Salzwasser weich garen. Abgießen, ausdampfen, lauwarm abkühlen lassen und halbieren.

2 Das Lammfleisch von Fett und Sehnen befreien und in mund-
gerechte Würfel schneiden. Mit Salz und Pfeffer würzen.
Den Speck in kleine Würfel schneiden. Die Zwiebeln und den
Knoblauch schälen und in feine Würfel schneiden.

3 In einem Topf 2 EL Öl erhitzen, Lammfleisch und Speck darin
rundum scharf anbraten. Die Zwiebeln und den Knoblauch
hinzufügen und kurz mitbraten. Das Tomatenmark unterrühren, mit dem Bier und dem Fond ablöschen und den Eintopf
zugedeckt bei mittlerer Hitze 30 Minuten köcheln lassen.

4 Die Bohnen putzen, waschen und in kochendem Salzwasser
sehr bissfest garen. In ein Sieb abgießen, kalt abschrecken
und abtropfen lassen. Die Bohnen etwa 10 Minuten vor Ende
der Garzeit zum Lammeintopf geben und den Eintopf mit Salz
und Pfeffer abschmecken.

5 Das restliche Öl in einer großen Pfanne erhitzen und die Kartoffeln darin auf der Schnittfläche anbraten. Die Kartoffeln
zudecken und noch 5 bis 10 Minuten auf der ausgeschalteten
Herdplatte heiß werden lassen.

6 Die Petersilie waschen, trocken tupfen und grob hacken. Den
Lammtopf mit den Kartoffeln in tiefen Tellern oder Schälchen
anrichten und mit der Petersilie und dem Thymian bestreuen.

Rinderschmortopf
mit Perlzwiebeln und Paprika

Zutaten

1 Zwiebel · 1–2 Knoblauchzehen

1 TL Öl · 50 g Frühstücksspeck
(in dünnen Scheiben)

3 EL Butterschmalz

500 g Rindergulasch

2 EL Tomatenmark

2 EL Paprikapulver (edelsüß)

½ l Rinderbrühe · 4 EL Zitronensaft · 200 g passierte Tomaten
(aus dem Tetrapak)

je 1 TL ganzer Kümmel und
getrockneter Majoran

Salz · Pfeffer aus der Mühle

200 g Perlzwiebeln (geschält)

1 rote Paprikaschote

Zubereitung
FÜR 4 PERSONEN

1 Die Zwiebel und den Knoblauch schälen und
in feine Würfel schneiden. Das Öl in einem
Bräter erhitzen und die Speckscheiben darin
anbraten. Auf Küchenpapier abtropfen lassen
und beiseitelegen.

2 Das Butterschmalz in dem Bräter erhitzen,
die Fleischwürfel darin portionsweise rundum
scharf anbraten und wieder herausnehmen.
Zwiebel und Knoblauch im verbliebenen Bratfett andünsten, das Tomatenmark unterrühren
und kurz mitdünsten.

3 Das Fleisch wieder dazugeben und mit Paprikapulver bestreuen. Die Brühe, den Zitronensaft
und die passierten Tomaten hinzufügen, alles
mit Kümmel, Majoran, Salz und Pfeffer würzen.
Dann die Perlzwiebeln dazugeben und den
Rinderschmortopf zugedeckt bei schwacher
Hitze etwa 1 Stunde schmoren lassen.

4 Die Paprika längs halbieren, entkernen, waschen und in kleine Würfel schneiden. Etwa
15 Minuten vor Ende der Garzeit mit dem Speck
untermischen. Die Sauce nach Belieben mit
Speisestärke binden und den Rinderschmortopf
in tiefen Tellern oder Schälchen anrichten.

Kartoffelgulasch
mit Paprika und Würstchen

Zutaten

je 1 Zwiebel und Knoblauchzehe

100 g durchwachsener
Räucherspeck (am Stück)

400 g festkochende Kartoffeln

je 1 rote, gelbe und grüne
Paprikaschote · 2 Möhren

je 1 EL Tomatenmark und Paprikapulver (edelsüß) · 1 l Rinderbrühe · 200 g passierte Tomaten
(aus dem Tetrapak)

1 EL gemahlener Kümmel

1 TL getrockneter Majoran

Salz · Pfeffer aus der Mühle

400 g Würstchen (z.B. Wiener
Würstchen und Debrecziner)

Zubereitung
FÜR 4 PERSONEN

1 Die Zwiebel und den Knoblauch schälen und in feine Würfel schneiden. Den Speck in kleine Würfel schneiden. Die Kartoffeln schälen und waschen. Paprikaschoten längs halbieren, entkernen und waschen. Kartoffeln und Paprika in mundgerechte Stücke schneiden. Die Möhren putzen, schälen und in Scheiben schneiden.

2 Die Speckwürfel in einem Topf ohne Fett auslassen. Zwiebel- und Knoblauchwürfel darin andünsten. Das Tomatenmark und das Paprika-pulver untermischen und kurz anrösten.

3 Die Kartoffel- und Paprikastücke sowie Möhrenscheiben dazugeben und kurz anbraten. Die Brühe und die passierten Tomaten hinzufügen. Das Gulasch mit Kümmel, Majoran, Salz und Pfeffer würzen und unter gelegentlichem Rühren bei mittlerer Hitze etwa 20 Minuten köcheln lassen.

4 Die Würstchen nach Belieben ganz lassen oder in Stücke schneiden, zum Gulasch geben und erwärmen. Das Kartoffelgulasch nochmals mit Salz und Pfeffer abschmecken und in tiefen Tellern oder Schälchen anrichten. Dazu passt frisches Bauernbrot.

Eintöpfe aus aller Welt

Gemüseeintopf
mit Hähnchenfleisch

Filmreifer Auftritt: Für diesen Eintopf im Bollywood-Style werden Sie bei Ihrer Familie mit Sicherheit stürmischen Applaus ernten

Zutaten

200 g getrocknete Kichererbsen

4 Hähnchenbrustfilets

1 l Hühnerbrühe

1 TL geriebener Ingwer

2 rote Zwiebeln

2 Möhren

je 1 rote und gelbe Paprikaschote

1 EL Öl

1/2 rote Chilischote

1 TL gehackter Ingwer

1 EL Currypulver

Saft von 1 Zitrone

Salz · Pfeffer aus der Mühle

Zubereitung
FÜR 4 PERSONEN

1 Am Vortag die Kichererbsen in einem Sieb kalt abbrausen und in reichlich kaltem Wasser über Nacht einweichen.

2 Am nächsten Tag die Kichererbsen in ein Sieb abgießen. In einem Topf mit 1 1/2 l Wasser aufkochen und zugedeckt bei mittlerer Hitze etwa 1 1/2 Stunden köcheln lassen. In ein Sieb abgießen und abtropfen lassen.

3 Die Hähnchenbrustfilets waschen und trocken tupfen. Die Brühe erhitzen und das Fleisch mit dem geriebenen Ingwer darin bei mittlerer Hitze etwa 15 Minuten köcheln lassen.

4 Inzwischen die Zwiebeln schälen und in feine Würfel schneiden. Die Möhren putzen, schälen und in Scheiben schneiden. Die Paprikaschoten längs halbieren, entkernen, waschen und in Streifen schneiden. Das Öl in einer Pfanne erhitzen und das Gemüse darin etwa 2 Minuten andünsten. Die Hähnchenfilets aus der Brühe nehmen, etwas abkühlen lassen und in Scheiben schneiden.

5 Die Chilischote entkernen, waschen und in feine Würfel schneiden. Die Brühe durch ein Sieb in einen zweiten Topf gießen, Chili, Ingwer und Currypulver dazugeben und die Suppe aufkochen lassen. Hähnchenfleisch, Kichererbsen und Gemüse dazugeben und den Eintopf bei mittlerer Hitze etwa 5 Minuten köcheln lassen. Den Gemüseeintopf mit Zitronensaft, Salz und Pfeffer würzen und nach Belieben mit Thai-Basilikum oder Minze bestreut servieren.

Tipp

Statt der getrockneten können Sie auch Kichererbsen aus der Dose nehmen. Diese sind bereits gegart und können am Ende mit dem Fleisch und dem Gemüse zum Eintopf gegeben werden.

Gemüseeintopf
mit Okraschoten

Ein Fest für die Sinne: Mit dieser ausgefallenen Kreation aus dem Reich der Gewürze werden Sie Ihre Gäste garantiert verzaubern

Zutaten

200 g Okraschoten

Saft von ½ Zitrone

800 g festkochende Kartoffeln

je ½ TL Korianderkörner,

Fenchel- und Kreuzkümmel-

samen

5 EL Ghee (siehe Tipp)

1 TL gemahlene Kurkuma

2 EL Kichererbsenmehl

1 EL Tamarindenmark

(gepresst)

2 Bananen

Salz

Zubereitung

FÜR 4 PERSONEN

1   Die Okraschoten putzen, dabei die Enden entfernen, und waschen. Den Zitronensaft in eine Schüssel mit kaltem Wasser geben und Okraschoten darin bis zur Verwendung einlegen. Kartoffeln schälen, waschen und in kleine Würfel schneiden.

2   Korianderkörner, Fenchel- und Kreuzkümmelsamen im Mörser grob zerstoßen. Ghee in einem Topf erhitzen, die zerstoßenen Gewürze und Kurkuma darin andünsten. Die Okraschoten aus dem Zitronenwasser nehmen, trocken tupfen und zuerst längs, dann quer halbieren. Mit den Kartoffeln zu den Gewürzen in den Topf geben, alles gut mischen und mit dem Kichererbsenmehl bestäuben. 800 ml Wasser dazugießen und den Eintopf bei mittlerer Hitze 10 bis 15 Minuten köcheln lassen.

3   Das Tamarindenmark in etwas heißem Wasser 10 Minuten einweichen. Die Bananen schälen und in Scheiben schneiden. Das Tamarindenmark in ein Sieb abgießen und mit einem Teelöffel ausdrücken, dabei die Flüssigkeit auffangen. Das Tamarindenwasser mit den Bananenscheiben zum Gemüseeintopf geben.

4   Den Gemüseeintopf bei mittlerer Hitze weitere 5 bis 10 Minuten sämig einkochen lassen, mit Salz abschmecken und in tiefen Tellern oder Schälchen anrichten. Nach Belieben mit Basmatireis oder indischem Fladenbrot (Chapati) servieren.

Tipp

Ghee hat einen angenehmen, leicht nussigen Geschmack. Man kann es entweder im Asienladen kaufen oder selbst zubereiten. Ersatzweise können Sie auch Butterschmalz verwenden.

Kichererbseneintopf
mit Kartoffeln und Feta

Zutaten

200 g Erbsen (tiefgekühlt)

je 1 Zwiebel und Knoblauchzehe

600 g mehlig kochende Kartoffeln

400 g Kichererbsen (aus der

Dose) · 2 Tomaten

2 EL Ghee (siehe Tipp S. 102)

1 TL geriebener Ingwer

½ TL gemahlene Kurkuma

1 EL Garam Masala

(ind. Gewürzmischung)

1 EL Kichererbsenmehl

400 ml Gemüsebrühe

100 g Schafskäse (Feta)

Salz · Cayennepfeffer

Zubereitung
FÜR 4 PERSONEN

1 Die Erbsen auf einem Sieb auftauen und abtropfen lassen. Die Zwiebel und den Knoblauch
schälen und in feine Würfel schneiden. Die
Kartoffeln schälen, waschen und in kleine
Würfel schneiden. Die Kichererbsen in ein Sieb
abgießen und abtropfen lassen. Die Tomaten
waschen, halbieren, entkernen und in kleine
Würfel schneiden.

2 Ghee in einem Topf erhitzen, die Zwiebel- und
Knoblauchwürfel darin andünsten. Den Ingwer,
Kurkuma und Garam Masala dazugeben und kurz
mitdünsten. Die Kartoffeln und die Kichererbsen hinzufügen, alles gut mischen und mit dem
Kichererbsenmehl bestäuben. Die Brühe dazugießen und den Kichererbseneintopf bei mittlerer Hitze etwa 15 Minuten köcheln lassen.

3 Dann die Erbsen und die Tomaten dazugeben
und den Eintopf weitere 10 Minuten köcheln.
Den Feta zerbröckeln. Kichererbseneintopf
mit Salz und Cayennepfeffer abschmecken
und in tiefen Tellern oder Schälchen anrichten.
Mit dem Schafskäse und nach Belieben mit
Chilifäden bestreuen. Dazu passen indische
Linsenfladen (Pappadams).

Hackfleisch-Kartoffel-Eintopf
auf indische Art

Zutaten

200 g festkochende Kartoffeln

1 Gemüsezwiebel

2 Knoblauchzehen · 2 EL Öl

400 g Rinderhackfleisch

200 g passierte Tomaten
(aus dem Tetrapak)

200 ml Rinderbrühe

200 g Erbsen (tiefgekühlt)

1/4 TL Garam Masala
(ind. Gewürzmischung)

1 TL gemahlener Kreuzkümmel

Zucker

Salz · Pfeffer aus der Mühle

1 TL geriebener Ingwer

Zubereitung
FÜR 4 PERSONEN

1 Die Kartoffeln schälen, waschen und in mundgerechte Würfel schneiden. Zwiebel und Knoblauch schälen und in feine Würfel schneiden.

2 Das Öl in einem Topf erhitzen, die Zwiebel- und Knoblauchwürfel darin andünsten. Hackfleisch dazugeben und unter Rühren krümelig braten. Die passierten Tomaten, die Brühe und die Kartoffeln hinzufügen und den Eintopf bei schwacher Hitze etwa 30 Minuten köcheln lassen.

3 Inzwischen die Erbsen nach Packungsanweisung sehr bissfest garen, in ein Sieb abgießen und abtropfen lassen. 5 Minuten vor Ende der Garzeit zum Eintopf geben und mitgaren.

4 Den Hackfleisch-Kartoffel-Eintopf mit Garam Masala, Kreuzkümmel, Zucker, Salz, Pfeffer und Ingwer abschmecken. Zum Servieren in tiefen Tellern oder Schälchen anrichten, nach Belieben indisches Fladenbrot (Chapati) dazu servieren.

Thailändischer Eintopf
mit Nudeln und Rinderfilet

Feines Löffel-Food aus Asien: Während man diesen Eintopf
genießt, kann man zumindest kulinarisch in die Ferne schweifen

Zutaten

300 g Rinderfilet

3 EL Sojasauce

2 TL geriebener Ingwer

2 EL gehackter Koriander

1 Stange Lauch

2 Möhren

150 g Knollensellerie

1 rote Chilischote

150 g Glasnudeln

1 TL Butter

1 EL Sesamöl

1,2 l Gemüsebrühe

Salz · Pfeffer aus der Mühle

Zubereitung
FÜR 4 PERSONEN

1 Das Rinderfilet von Fett und Sehnen befreien, quer halbieren und längs in hauchdünne Scheiben schneiden. Mit der Sojasauce, dem Ingwer und dem Koriander mischen und 20 Minuten durchziehen lassen.

2 Inzwischen den Lauch putzen, waschen und in feine Ringe schneiden. Die Möhren und den Sellerie putzen, schälen und in feine Streifen schneiden. Die Chilischote längs halbieren, entkernen, waschen und ebenfalls in feine Streifen teilen.

3 Die Glasnudeln in einer Schüssel mit kochendem Wasser übergießen und mindestens 10 Minuten quellen lassen. Die Butter und das Sesamöl in einem Topf erhitzen und den Lauch darin andünsten. Die Brühe dazugießen, Möhren, Sellerie und Chilischote hinzufügen und alles etwa 5 Minuten köcheln lassen. Mit Salz und Pfeffer abschmecken.

4 Die Nudeln in ein Sieb abgießen, abtropfen lassen und nach Belieben etwas klein schneiden. Mit den rohen Filetscheiben in tiefen Tellern oder Schälchen anrichten. Mit der kochend heißen Brühe und dem Gemüse auffüllen. Den Eintopf nach Belieben mit Koriander garnieren und sofort servieren.

Tipp

Statt mit Glasnudeln können Sie den Eintopf auch mit thailändischen Reisnudeln servieren. Wer kein Fan von (halb rohem) Rindfleisch ist, serviert den Eintopf z. B. mit gegarten Garnelen.

Coq au Vin
mit Champignons

Schlemmen wie Gott in Frankreich: Wenn Tradition mit Raffinesse
verbunden werden soll, sind unsere Nachbarn einfach Weltspitze

Zutaten

1 Hähnchen (ca. 1,2 kg;
küchenfertig)
Salz · Pfeffer aus der Mühle
100 g durchwachsener
Räucherspeck (am Stück)
5 Schalotten
300 g kleine Champignons
2 EL Butterschmalz
1 EL Mehl
½ l trockener Weißwein
½ l Hühnerbrühe
1 Knoblauchzehe
2 Zweige Thymian
1 Lorbeerblatt
100 g Sahne

Zubereitung

FÜR 4 PERSONEN

1 Das Hähnchen innen und außen waschen und trocken tupfen.
Die Keulen und Brustfilets samt Flügelansatz abtrennen. Die
Keulen in den Gelenken, die Brustfilets quer durchschneiden.
Die Hähnchenteile mit Salz und Pfeffer würzen. Den Speck in
kleine Würfel schneiden. Die Schalotten schälen und in feine
Würfel schneiden. Die Pilze putzen, trocken abreiben und in
dünne Scheiben schneiden.

2 Das Butterschmalz in einem Bräter erhitzen und den Speck
darin anbraten. Die Schalotten und die Pilze dazugeben und
einige Minuten mitbraten. Alles aus dem Bräter nehmen und
beiseitestellen.

3 Die Hähnchenteile mit Mehl bestäuben. Zuerst die Keulen im
verbliebenen Bratfett rundum kurz anbraten. Dann die Brust-
stücke dazugeben und alle Fleischstücke rundum goldbraun
anbraten. Wein und Brühe dazugießen und aufkochen lassen.

4 Den Speck, die Schalotten und die Pilze wieder dazugeben.
Den Knoblauch schälen, den Thymian waschen und trocken
tupfen. Beides mit dem Lorbeerblatt ebenfalls in den Bräter
geben und den Coq au Vin zugedeckt bei schwacher Hitze
etwa 1 Stunde schmoren lassen.

5 Den Knoblauch, den Thymian und das Lorbeerblatt wieder
entfernen und die Sahne angießen. Den Coq au Vin mit Salz
und Pfeffer abschmecken und in tiefen Tellern anrichten.
Dazu schmecken Pellkartoffeln, Kroketten oder Baguette.

Tipp

Das Hähnchen mit Weißwein und Pilzen ist eine
Abwandlung des klassischen Coq au Vin. Man
kennt das Gericht in Frankreich auch unter dem
Namen »Poulet Célestine«.

Szegediner Gulasch
mit Sauerkraut und Ananas

Zutaten

500 g Zwiebeln · 2 Knoblauch-

zehen · 200 g Ananas (aus der

Dose; in Stücken)

200 g durchwachsener

Räucherspeck (am Stück)

500 g Ochsenfleisch · 3 EL Öl

3 TL Tomatenmark

500 g Sauerkraut (aus der Dose)

1 EL Paprikapulver (edelsüß)

1 TL getrockneter Thymian

1–2 TL gemahlener Kümmel

Salz · Pfeffer aus der Mühle

300–400 ml Rinderbrühe

150–200 g Crème fraîche

4 EL trockener Rotwein

Zubereitung
FÜR 4 PERSONEN

1 Die Zwiebeln schälen und in feine Streifen schneiden. Den Knoblauch schälen und in feine Würfel schneiden. Die Ananasstücke abtropfen lassen. Den Speck in kleine Würfel, das Fleisch in mundgerechte Würfel schneiden.

2 Das Öl in einem Bräter erhitzen, Fleisch und Speck darin rundum scharf anbraten. Die Zwiebeln und den Knoblauch dazugeben und leicht bräunen. Die Ananas und das Tomatenmark hinzufügen und andünsten. Dann das Sauer-kraut und die Gewürze dazugeben und alles zugedeckt bei schwacher Hitze etwa 10 Minuten schmoren lassen. Mit Salz und Pfeffer würzen.

3 Etwas Brühe dazugießen und das Gulasch weitere 10 Minuten schmoren. Den Vorgang 2- bis 3-mal wiederholen, bis das Fleisch weich ist. Die Crème fraîche und den Wein unterrühren und das Gulasch nochmals mit Salz und Pfeffer abschmecken. Weitere 5 bis 10 Minuten ziehen lassen. Das Szegediner Gulasch in tiefen Tellern oder Schälchen anrichten und nach Belieben mit saurer Sahne und Sesamsamen garnieren.

Rinderragout
mit Tomaten und Kümmel

Zutaten

4 Zwiebeln

4 Knoblauchzehen

1 Möhre

2 EL Butterschmalz

500 g Rindergulasch

3 EL Tomatenmark

1 EL Paprikapulver (edelsüß)

½ l Rinderbrühe

1 EL Zitronensaft

1 TL ganzer Kümmel

Salz · Pfeffer aus der Mühle

200 g Tomaten

Zubereitung
FÜR 4 PERSONEN

1 Zwiebeln und Knoblauch schälen, Zwiebeln in Stücke, Knoblauch in feine Würfel schneiden. Möhre putzen, schälen und klein schneiden.

2 Das Butterschmalz in einem Bräter erhitzen, die Fleischwürfel darin portionsweise scharf anbraten und herausnehmen. Die Zwiebeln und den Knoblauch im verbliebenen Bratfett andünsten. Die Möhre und das Tomatenmark dazugeben und kurz mitdünsten. Das Rindfleisch wieder hinzufügen und mit dem Paprikapulver bestäuben.

3 Die Brühe, ¼ l Wasser und den Zitronensaft dazugießen. Das Rinderragout mit Kümmel, Salz und Pfeffer würzen und zugedeckt bei schwacher Hitze etwa 1 Stunde schmoren lassen. Dabei gelegentlich umrühren und, falls nötig, noch etwas Wasser dazugießen.

4 Die Tomaten waschen und in Scheiben schneiden, dabei die Stielansätze entfernen. 10 Minuten vor Ende der Garzeit unter das Ragout mischen. Das Ragout mit Salz und Pfeffer abschmecken und, falls nötig, mit Speisestärke binden. Das Rinderragout nach Belieben mit Kräutern garniert servieren.

Rindfleischeintopf

mit Bohnen und Kartoffeln

Ein starkes Team: Der Mix aus Fleisch, Hülsenfrüchten und
Kartoffeln sorgt in der kalten Jahreszeit für ordentlich Power

Zutaten

120 g getrocknete Perlbohnen
(kleine weiße Bohnen)
1–2 Zwiebeln
1 Knoblauchzehe
½ rote Chilischote
1 Bund gemischte Kräuter
(z.B. Lorbeer, Petersilie,
Salbei)
250 g festkochende Kartoffeln
500 g Rindergulasch
Salz · Pfeffer aus der Mühle
2 EL Öl
½ l Rinderbrühe

Zubereitung

FÜR 4 PERSONEN

1 Am Vortag die Bohnen in einer Schüssel in reichlich kaltem Wasser über Nacht einweichen.

2 Am nächsten Tag die Zwiebeln schälen und in große Stücke schneiden. Den Knoblauch schälen und in feine Würfel schneiden. Die Chilischote entkernen und waschen. Die Kräuter waschen, trocken schütteln und als Bund belassen. Die Kartoffeln schälen, waschen und in große Stücke schneiden.

3 Die Fleischwürfel gegebenenfalls noch etwas kleiner schneiden und mit Salz und Pfeffer würzen. Das Öl in einem Bräter erhitzen und das Fleisch darin rundum scharf anbraten. Die Zwiebeln und den Knoblauch dazugeben und kurz mitbraten.

4 Die Bohnen in ein Sieb abgießen, abtropfen lassen und mit den Kartoffeln untermischen. Das Kräuterbund und die Chilischote dazugeben und die Brühe dazugießen. Den Eintopf zugedeckt bei schwacher Hitze etwa 40 Minuten köcheln lassen.

5 Kräuterbund und Chilischote wieder entfernen. Den Rindfleisch-Bohnen-Eintopf mit Salz und Pfeffer abschmecken und in tiefen Tellern oder Schälchen anrichten.

Tipp

Sie können den Eintopf noch zusätzlich mit anderen Bohnensorten (z.B. grüne Bohnen oder Saubohnenkerne) oder weiterem Gemüse, wie Möhren oder Sellerie, anreichern.

Cassoulet
mit Schweinshachse

Ein Hochgenuss der rustikalen Küche: Bei diesem Gericht kommen die Fans deftiger Hausmannskost voll auf ihre Kosten

Zutaten

300 g getrocknete weiße
Bohnen (z.B. Perlbohnen,
Cannellini-Bohnen)

3 Zwiebeln

4 Knoblauchzehen

2 kleine Stangen Lauch

3 Möhren

1/2 Sellerieknolle

2 kleine gepökelte Schweinshachsen (Eisbein)

80 ml Olivenöl

1 l Gemüsebrühe

8 Tomaten

1 Bund Petersilie

je 2 Zweige Rosmarin und
Thymian

2 Lorbeerblätter

2 EL schwarze Oliven
(entsteint)

1 kleines Weißbrot

Salz · Pfeffer aus der Mühle

Zubereitung
FÜR 4 PERSONEN

1 Am Vortag die Bohnen in einer Schüssel mit reichlich kaltem Wasser über Nacht einweichen.

2 Am nächsten Tag die Zwiebeln und den Knoblauch schälen und in feine Würfel schneiden. Den Lauch, die Möhren und den Sellerie putzen, waschen bzw. schälen und in kleine Stücke schneiden. Die Schweinshachsen kalt abbrausen, trocken tupfen und das Fleisch von den Knochen lösen.

3 In einem Bräter 4 EL Olivenöl erhitzen, die Zwiebel- und Knoblauchwürfel sowie die Gemüsestücke darin andünsten. Die Brühe dazugießen, das Fleisch hinzufügen und zugedeckt bei mittlerer Hitze etwa 40 Minuten köcheln lassen.

4 Inzwischen die Tomaten waschen, halbieren, entkernen und in kleine Würfel schneiden. Die Kräuter waschen und trocken schütteln, die Petersilienblätter abzupfen und fein hacken. Den Backofen auf 170 °C vorheizen.

5 Die Bohnen in ein Sieb abgießen und abtropfen lassen. Mit den Tomaten, den Kräutern, den Lorbeerblättern und den Oliven zum Fleisch in die Brühe geben und einmal aufkochen lassen. Dann den Eintopf im Ofen auf der mittleren Schiene etwa 1 1/2 Stunden garen, dabei etwa alle 15 Minuten die Bohnen mit dem Schaumlöffel unter die Brühe drücken.

6 Das Weißbrot in Würfel schneiden und am Ende der Garzeit zum Eintopf geben. Das Brot mit dem Schaumlöffel unter die Brühe drücken und mit dem restlichen Olivenöl beträufeln. Das Cassoulet weitere 15 Minuten garen, dann den Backofengrill einschalten und den Eintopf noch etwa 15 Minuten gratinieren, damit die Brotschicht leicht knusprig wird. Das Cassoulet mit Salz und Pfeffer abschmecken und in tiefen Tellern oder Schälchen anrichten.

Tomaten-Puten-Ragout
mit Bandnudeln

Zutaten

je 1 Zwiebel und Knoblauchzehe

200 g grüne Bohnen

2 Stangen Staudensellerie

½ Bund Thymian

500 g Putenbrustfilet

(in mundgerechten Stücken)

etwas Essig

Salz · Pfeffer aus der Mühle

1 EL Öl · 400 g Dosentomaten

je 100 ml Gemüse- und

Hühnerbrühe

400 g Bandnudeln

Knoblauchgewürz (Fertigprodukt)

Paprikapulver (edelsüß)

Zubereitung
FÜR 4 PERSONEN

1 Die Zwiebel und den Knoblauch schälen, die Zwiebel in feine Ringe, den Knoblauch in feine Würfel schneiden. Die Bohnen putzen, waschen und nach Belieben etwas kleiner schneiden. Den Sellerie putzen, waschen und in feine Scheiben schneiden. Den Thymian waschen und trocken schütteln, die Blätter abzupfen und fein hacken. Das Putenfleisch mit Essig abtupfen und mit Salz und Pfeffer würzen.

2 Das Öl in einem Topf erhitzen, Zwiebel und Knoblauch darin andünsten. Den Sellerie hinzufügen und kurz mitdünsten. Die Dosentomaten und die beiden Brühen dazugeben, aufkochen und bei schwacher Hitze kurz köcheln lassen. Das Putenfleisch in die Tomatensauce geben und darin bei schwacher Hitze 10 Minuten garen. Dann die Bohnen dazugeben und das Ragout weitere 15 Minuten garen.

3 Nudeln nach Packungsanweisung in reichlich kochendem Salzwasser bissfest garen, abgießen und abtropfen lassen. Den Thymian unter das Ragout mischen und das Tomaten-Puten-Ragout mit Salz, Pfeffer, Knoblauchgewürz und Paprika abschmecken. Mit den Nudeln servieren.

Irish Stew
mit Kartoffeln

Zutaten

6 Zwiebeln

4 Möhren

400 g kleine festkochende
Kartoffeln

1 ½ kg Lammkoteletts

Salz · Pfeffer aus der Mühle

3 EL Öl

1 EL gehackter Thymian

ca. 800 ml Lammfond
(aus dem Glas)

1 EL gehackte Petersilie

1 EL Schnittlauchröllchen

Zubereitung
FÜR 4 PERSONEN

1 Die Zwiebeln schälen und vierteln. Die Möhren
putzen, schälen und in Scheiben schneiden.
Die Kartoffeln schälen, waschen und halbieren
oder vierteln.

2 Die Lammkoteletts waschen, trocken tupfen
und mit Salz und Pfeffer würzen. Das Öl in
einer Pfanne erhitzen und die Koteletts darin
portionsweise auf beiden Seiten kurz anbraten.

3 Das Gemüse und das Fleisch schichtweise in
einen Topf einlegen, dabei jede Schicht leicht
mit Salz und Pfeffer würzen. Zuletzt den Thymian darüberstreuen, den Fond dazugießen
und das Irish Stew zugedeckt aufkochen lassen. Dann bei schwacher Hitze etwa 1 ½ Stunden schmoren lassen. Das Irish Stew, falls
nötig, nochmals mit Salz und Pfeffer abschmecken, in tiefen Tellern oder Schälchen
anrichten und mit den Kräutern bestreuen.

Hähncheneintopf
mit Garnelen und Chorizo

Neues aus dem Land der Paella: In Spanien stehen herzhafte
Kreationen mit Geflügel und Meeresfrüchten hoch im Kurs

Zutaten

1 Hähnchen (ca. 1,2 kg;
küchenfertig)

Salz · Pfeffer aus der Mühle

2 TL Paprikapulver (edelsüß)

3 Knoblauchzehen

1 rote Paprikaschote

500 g Steckrübe

200 g festkochende Kartoffeln

150 g Möhren

120 g Zwiebeln

3 Zweige Rosmarin

7 EL Öl

6 kleine Chorizowürste
(span. Paprikawürste)

50 ml trockener Weißwein

400 ml Hühnerbrühe

6 Riesengarnelen

1 kleine Stange Lauch
(in dünnen Ringen)

2 EL gehackte Petersilie

1 EL Pinienkerne

2 EL Paniermehl

1 TL abgeriebene unbehandelte
Zitronenschale

Zubereitung

FÜR 6 PERSONEN

1 Das Hähnchen innen und außen waschen und trocken tupfen. Die Keulen und Brustfilets samt Flügelansatz abtrennen. Keulen in den Gelenken, die Brustfilets quer durchschneiden. Das Fleisch in einer Schüssel mit Salz, Pfeffer und Paprikapulver würzen. Knoblauch schälen und in feine Würfel schneiden. Die Paprika längs halbieren, entkernen, waschen und in mundgerechte Stücke schneiden. Beides zum Fleisch geben.

2 Die Steckrübe, die Kartoffeln und die Möhren schälen und ebenfalls in mundgerechte Stücke schneiden. Die Zwiebeln schälen und in dünne Ringe schneiden. Den Rosmarin waschen und trocken tupfen. 3 EL Öl in einem Bräter erhitzen und die Hähnchenteile darin mit Knoblauch, Paprikastücken und Rosmarin 5 Minuten rundum anbraten. Die Würste dazugeben und 2 bis 3 Minuten mitbraten. Alles herausnehmen.

3 Steckrübe, Kartoffeln, Möhren und Zwiebeln im Bräter in 2 EL Öl nur leicht anbraten. Mit dem Wein ablöschen, die Brühe und 200 ml Wasser angießen. Hähnchenkeulen mit Paprika, Rosmarin und Knoblauch auf das Gemüse legen und mit schräg aufgelegtem Deckel 30 Minuten garen.

4 Den Backofen auf 180 °C vorheizen. Die Garnelen bis auf das Schwanzstück schälen, am Rücken entlang einschneiden und den schwarzen Darm entfernen. Garnelen waschen, trocken tupfen und mit dem Lauch im restlichen Öl kurz anbraten. Mit Salz würzen. Petersilie und Pinienkerne im Blitzhacker zerkleinern, mit Paniermehl und Zitronenschale mischen.

5 Würste und Hähnchenbrüste wieder zum Eintopf geben und den Eintopf im Ofen auf der untersten Schiene offen weitere 10 Minuten garen. Dann Garnelen mit Lauch darauf verteilen und alles mit der Bröselmischung bestreuen. Weitere 10 Minuten garen, bis die Brösel hellbraun und knusprig sind.

Lammeintopf
mit Kürbis und Tomaten

Zutaten

300 g Okraschoten

Saft von 1 Zitrone

1 Zwiebel · 3 Knoblauchzehen

400 g Kürbisfruchtfleisch

2 große Tomaten

600 g mageres Lammfleisch
(aus der Keule)

3 EL Öl · 2 Lorbeerblätter

$\frac{1}{2}$ TL gemahlener Kümmel

1 EL Tomatenmark

1 TL Currypulver

100 ml trockener Weißwein

100 ml Rinderbrühe

Salz · Pfeffer aus der Mühle

Zubereitung
FÜR 4 PERSONEN

1 Die Okraschoten putzen, dabei die Enden entfernen, und waschen. Drei Viertel des Zitronensafts in eine Schüssel mit kaltem Wasser geben und die Okraschoten darin einlegen.

2 Die Zwiebel und den Knoblauch schälen und in feine Würfel schneiden. Das Kürbisfleisch in Würfel schneiden. Tomaten überbrühen, häuten, vierteln und entkernen. Fleisch in mundgerechte Stücke schneiden. Das Öl in einer großen Pfanne erhitzen, das Fleisch darin rundum scharf anbraten und herausnehmen.

3 Zwiebel und Knoblauch im verbliebenen Bratfett andünsten, das Fleisch mit Lorbeerblättern, Kümmel, Tomatenmark und Curry wieder dazugeben und kurz mitdünsten. Wein und Brühe dazugießen. Okraschoten aus dem Wasser nehmen, trocken tupfen und mit den Kürbiswürfeln zum Fleisch geben. Lammeintopf zugedeckt bei schwacher Hitze 45 bis 60 Minuten schmoren lassen, bis das Fleisch weich ist.

4 Dann die Tomaten untermischen und den Eintopf weitere 5 Minuten garen. Mit restlichem Zitronensaft, Salz und Pfeffer würzen und in tiefen Tellern oder Schälchen anrichten.

Fisch-Meeresfrüchte-Eintopf
mit Kartoffeln und Safran

Zutaten

je 2 Zwiebeln und Knoblauchzehen

1–2 rote Chilischoten

350 g gemischte Meeresfrüchte

(z.B. Garnelen, Mies- und Venus-

muscheln) · 600 g gemischte

Fischfilets (mit Haut;

z.B. Kabeljau und Rotbarsch)

1 Döschen Safranpulver (0,1 g)

2 EL Olivenöl

800 g stückige Tomaten (aus der

Dose) · 1 EL Tomatenmark

200 ml trockener Weißwein

400 g festkochende Kartoffeln

Salz · Pfeffer aus der Mühle

2 EL gehackte Petersilie

Zubereitung
FÜR 4 PERSONEN

1 Die Zwiebeln und den Knoblauch schälen und in feine Würfel schneiden. Die Chilischoten längs halbieren, entkernen, waschen und in feine Würfel schneiden.

2 Garnelen bis auf das Schwanzstück schälen, am Rücken entlang einschneiden und den dunklen Darm entfernen. Garnelen waschen und trocken tupfen. Die Muscheln unter fließendem kaltem Wasser waschen, bereits geöffnete Exemplare aussortieren. Die Fischfilets waschen, trocken tupfen und in mundgerechte Stücke schneiden.

3 Zwiebeln, Knoblauch, Chilis und Safran in einem Topf im Olivenöl bei mittlerer Hitze etwa 10 Minuten dünsten. Tomaten, Tomatenmark und Wein dazugeben, zum Kochen bringen, die Hitze reduzieren und 5 Minuten köcheln lassen.

4 Kartoffeln schälen, waschen, in Stücke schneiden, dazugeben und alles weitere 15 Minuten köcheln lassen. Mit Salz und Pfeffer würzen.

5 Die Meeresfrüchte und Fischstücke vorsichtig untermischen und den Eintopf zugedeckt weitere 10 Minuten garen. Mit Petersilie bestreut servieren. Dazu passt frisches Weißbrot.

Seafood-Nudel-Eintopf
auf japanische Art

*Feines Schüssel-Erlebnis: Edle Meeresfrüchte mit Sobanudeln
und Hähnchen – so schlemmt man im Land der aufgehenden Sonne*

Zutaten

10 getrocknete Shiitakepilze

1 Knoblauchzehe

1 rote Chilischote

120 g Sobanudeln

(japan. Buchweizennudeln;

aus dem Asienladen)

1 TL Sesamöl

8 Riesengarnelen

8 Jakobsmuscheln

(ausgelöst; mit Corail)

200 g Tintenfischtuben

(küchenfertig)

1 Hähnchenbrustfilet

1 Möhre

150 g Zuckerschoten

1 l Fischfond (aus dem Glas)

100 g Algen (z.B. Meeres-

spaghetti)

1 TL geriebener Ingwer

Sojasauce

Zubereitung

FÜR 4 PERSONEN

1 Die getrockneten Pilze in einer Schüssel in lauwarmem Wasser etwa 20 Minuten einweichen. Den Knoblauch schälen und in feine Würfel schneiden. Die Chilischote putzen, waschen und in feine Ringe schneiden.

2 Die Nudeln nach Packungsanweisung bissfest garen, in ein Sieb abgießen, kalt abschrecken, abtropfen lassen und mit dem Sesamöl mischen.

3 Die Garnelen bis auf das Schwanzstück schälen, am Rücken entlang einschneiden und den dunklen Darm entfernen. Die Garnelen waschen und trocken tupfen. Jakobsmuscheln, Corail und Tintenfischtuben waschen und trocken tupfen, die Tintenfischtuben in mundgerechte Stücke schneiden und rautenförmig leicht einritzen. Das Hähnchenbrustfilet waschen, trocken tupfen und in Würfel schneiden.

4 Die Möhre putzen, schälen und in feine Stifte schneiden oder hobeln. Die Zuckerschoten putzen und waschen. Die eingeweichten Pilze in ein Sieb abgießen, abtropfen lassen und in dünne Streifen schneiden.

5 Den Fond in einem Topf aufkochen lassen. Pilze, Knoblauch, Chili, Hähnchenwürfel, Möhre, Zuckerschoten, Algen und Ingwer in den Fond geben. Bei schwacher Hitze etwa 3 Minuten ziehen lassen. Dann Garnelen, Muscheln, Corail und Tintenfischstücke dazugeben und in dem Eintopf 3 bis 4 Minuten gar ziehen lassen. Zuletzt die Nudeln dazugeben und kurz erwärmen. Den Seafood-Nudel-Eintopf mit Sojasauce und nach Belieben mit Salz abschmecken und in tiefen Tellern oder Schälchen anrichten.

Pikanter Fischeintopf
mit Curry und Tomaten

Für Gäste nur das Beste: Hier schwimmt erlesenes Seafood
in einer exotisch gewürzten Sauce aus Kokosmilch und Tomaten

Zutaten

1 Schalotte

1 Knoblauchzehe

200 g Cocktailtomaten

12 Garnelen

500 g Seeteufelfilet

(ohne Haut)

2 EL Öl

1 TL geriebener Ingwer

1 EL Tomatenmark

1 EL rote Currypaste

2 Kaffir-Limettenblätter

400 ml Kokosmilch

200 ml Fischfond

(aus dem Glas)

200 g Blumenkohlröschen

helle Sojasauce

1 Spritzer Limettensaft

Cayennepfeffer

Zubereitung
FÜR 4 PERSONEN

1 Schalotte schälen und in feine Streifen schneiden. Knoblauch schälen und in feine Würfel schneiden. Die Cocktailtomaten waschen und halbieren, dabei die Stielansätze entfernen.

2 Die Garnelen bis auf das Schwanzstück schälen, am Rücken entlang einschneiden und den dunklen Darm entfernen. Die Garnelen waschen und trocken tupfen. Das Fischfilet waschen, trocken tupfen und in mundgerechte Stücke schneiden.

3 Das Öl in einem Topf erhitzen, Schalotte und Knoblauch darin andünsten. Den Ingwer, das Tomatenmark, die Currypaste und und die Kaffir-Limettenblätter untermischen und kurz mitdünsten. Die Kokosmilch und den Fond dazugießen.

4 Den Blumenkohl dazugeben und die Kokossauce bei mittlerer Hitze 3 bis 4 Minuten einkochen lassen. Die Tomaten und die Garnelen dazugeben und alles weitere 2 Minuten garen. Dann die Seeteufelstücke hinzufügen und in dem Eintopf bei schwacher Hitze noch etwa 4 Minuten ziehen lassen.

5 Den Fischeintopf mit Sojasauce, Limettensaft und Cayennepfeffer abschmecken und in tiefen Tellern oder Schälchen anrichten. Dazu passen Reisnudeln oder Basmatireis.

Tipp

Seeteufel hat festfleischiges, weißes Fleisch. Er zählt zu den teuersten Salzwasserfischen. Etwas preisgünstigere Alternativen sind Kabeljau, Rotbarsch oder Seelachs.

Toskanischer Fischeintopf
mit Tomaten und Weißwein

Buonissimo: Mit diesem Fischgericht hat sich die Stadt Livorno
über die Grenzen der Toskana hinaus ein kulinarisches Denkmal gesetzt

Zutaten

1 Zwiebel

2–3 Knoblauchzehen

1–2 Stangen Staudensellerie

1 Möhre

½ l Fischfond (aus dem Glas)

ca. 600 g gemischte Fischfilets
(z.B. Rotbarbe, Dorsch,
Heilbutt, Seeteufel)

250 g kleine Tintenfische
(küchenfertig)

je 250 g Mies- und Venus-
muscheln

500 g Tomaten

1 Schalotte

80–100 ml Olivenöl

½ l trockener Weißwein

Salz · Pfeffer aus der Mühle

½ Bund Petersilie

4–8 Scheiben ital. Weißbrot

Zubereitung
FÜR 4 PERSONEN

1 Die Zwiebel und 1 Knoblauchzehe schälen und in feine Würfel schneiden. Den Sellerie und die Möhre putzen, waschen bzw. schälen und in kleine Würfel schneiden. Zwiebel, Knoblauch und Gemüse mit dem Fond in einem Topf aufkochen und bei schwacher Hitze 30 Minuten köcheln lassen. Dann durch ein feines Sieb gießen und beiseitestellen.

2 Von den Fischfilets nach Belieben die Haut entfernen und die Filets waschen, trocken tupfen und in mundgerechte Stücke schneiden. Die Tintenfische waschen, trocken tupfen und nach Belieben zerkleinern. Die Muscheln unter fließendem kaltem Wasser waschen, abtropfen lassen und bereits geöffnete Exemplare aussortieren.

3 Die Tomaten überbrühen, häuten, vierteln und entkernen. Die Schalotte und den restlichen Knoblauch schälen und in feine Würfel schneiden. In einem Topf 4 EL Olivenöl erhitzen, Schalotte, Knoblauch und Tintenfische darin andünsten. Die Tintenfische wieder herausnehmen, die Tomaten in den Topf geben und den Wein angießen. Alles etwa 5 Minuten köcheln lassen und mit Salz und Pfeffer würzen.

4 Nun als Erstes die festfleischigen Fischsorten in die Tomaten-Wein-Sauce einlegen, die Hälfte des Fischfonds dazugießen und die Fische bei schwacher Hitze 10 Minuten garen.

5 Dann die Muscheln und weichfleischigen Fischsorten hinzufügen, den restlichen Fond angießen und den Eintopf weitere 10 bis 15 Minuten garen. Die Tintenfische untermischen.

6 Die Petersilie waschen und trocken schütteln, die Blätter abzupfen, fein hacken und untermischen. Den Fischeintopf nochmals mit Salz und Pfeffer abschmecken. Die Weißbrotscheiben im Toaster goldbraun rösten und mit dem restlichen Olivenöl beträufeln. Den Eintopf in tiefen Tellern oder Schälchen anrichten und mit dem Weißbrot servieren.

Rezeptregister

Impressum

© Verlag Zabert Sandmann GmbH,
München
2. Auflage 2009
ISBN 978-3-89883-237-3

Grafische Gestaltung: Georg Feigl
Rezepte: ZS-Team
Redaktion: Eva-Maria Hege,
Gerti Köhn
Herstellung: Karin Mayer,
Peter Karg-Cordes
Lithografie: Christine Rühmer
Druck & Bindung in Italien

Bildnachweis

Umschlagfotos: M. Görlach (Vorderseite);
StockFood/J. Cazals (Rückseite Mitte); Stock-
Food/FoodPhotography Eising (Rückseite
unten); StockFood/S. Eising (Rückseite oben)

W. Cimbal: 9 (oben u. Mitte); A. Kramp &
B. Gölling: 8, 9 (unten); StockFood/K. Arras:
6 (links); StockFood/U. Bender: 43, 63; Stock-
Food/H. Bischof: 22, 28, 32, 73, 75, 97, 110;
StockFood/D. i Bogdan Bilaly: 29; StockFood/
M. Boyny: 47; StockFood/G. Buntrock Ltd.:
7 (links, 2. v. o.); StockFood/R. Cartilho: 80;
StockFood/S. Cato-Symonds: 52; StockFood/
J. Cazals: 15, 37, 53; StockFood/C. Cooke: 95;
StockFood/FoodPhotography Eising: 2–3, 16,
17, 23, 25, 27, 33, 41, 45, 49, 51, 61, 62, 67,

68–69, 77, 79, 83, 87, 96, 101, 104, 105, 107,
115, 116, 123, 125, 127; StockFood/S. Eising:
10–11, 13, 19, 38–39, 55, 56, 59, 65, 81, 91;
StockFood/G. Elms: 7 (rechts); StockFood/
E. Fenot: 89, 111; StockFood/food art factory:
31, 74; StockFood/Foodcollection: 7 (Mitte),
21, 35; StockFood/A. Grablewski: 84; Stock-
Food/W. Heinze: 117; StockFood/A. Hrbková:
85; StockFood/J. Jhaveri: 103; StockFood/
M. Lindeblad: 7 (links, 2. v. u.); StockFood/
L. Lister: 109; StockFood/P. Medilek: 4–5;
StockFood/S. Morris: 7 (links, 1. v. u.); Stock-
Food/K. Newedel: 6 (rechts); StockFood/
M. Paul: 93, 113; StockFood/A. Plewinski: 57;
StockFood/A. Richardson: 98–99, 120; Stock-
Food/J. Rynio: 71, 119; StockFood/Sporrer/
Skowronek: 44; StockFood/Teubner Foodfoto:
7 (links, 1. v. o.), 90; StockFood/D. Treloar: 21